自由式滑雪空中技巧项目

高水平运动队备战体系建立的研究

徐囡囡　著

北方联合出版传媒（集团）股份有限公司

辽宁科学技术出版社

图书在版编目（CIP）数据

自由式滑雪空中技巧项目高水平运动队备战体系建立的研究 / 徐囡囡著 . —沈阳：辽宁科学技术出版社，2024.8

ISBN 978-7-5591-3530-8

Ⅰ．①自…　Ⅱ．①徐…　Ⅲ．①雪上运动—运动队—研究　Ⅳ．① G863.102

中国国家版本馆 CIP 数据核字（2024）第 073621 号

出版发行：辽宁科学技术出版社
　　　　　（地址：沈阳市和平区十一纬路25号　邮编：110003）
印 刷 者：辽宁鼎籍数码科技有限公司
经 销 者：各地新华书店
幅面尺寸：145 mm×210 mm
印　　张：7.5
字　　数：260千字
出版时间：2024年8月第1版
印刷时间：2024年8月第1次印刷

责任编辑：凌　敏
封面设计：顾　娜
版式设计：顾　娜
责任校对：于　倩

书　　号：ISBN 978-7-5591-3530-8
定　　价：98.00元

联系电话：024-23284356
邮购热线：024-23284502
http://www.lnkj.com.cn

前言

　　中国在 1990 年开始开展自由式滑雪空中技巧这一运动项目，经过 20 年的艰苦奋斗与拼搏，在 2002 年日本长野冬季奥运会上笔者徐囡囡获得了女子亚军；2006 年意大利都灵冬季奥运会上韩晓鹏获得男子冠军，李妮娜获得女子亚军，实现了我国在雪上项目上的历史性突破；2010 年加拿大温哥华冬季奥运会上李妮娜再次获女子亚军，郭心心获女子季军，刘忠庆获男子季军，捍卫了我国在这个项目上的强国地位。

　　目前，世界上开展这个项目的国家还有白俄罗斯、俄罗斯、澳大利亚、加拿大、美国、瑞士、捷克、斯洛伐克、英国、日本、乌克兰、哈萨克斯坦等国家，白俄罗斯、澳大利亚、美国和加拿大是我国主要的竞争对手，他们在这个项目的训练上有较长的历史，在技能和体能训练上有扎实的基础和丰富的经验。我国空中技巧队通过多年在国外与美国、加拿大、澳大利亚、日本等国家队员一起训练和交流，并聘请加拿大籍的技术教练执教，在技术训练的方法、形式和内容以及技术训练过程的计划和组织上与世界强国基本一致，各个国家在该项目的技术训练体系上已经没有任何秘密可言了。运动员要想取得比赛的胜利，就必须加强对训练中不可见因素的研究，体能就是其中一种因素，因此体能问题就显得日益重要了。自由式滑雪空中技巧是奥运会比赛项目中的高危项目，运动员每一次技术动作都是快速在高空中完成的，从坡度为 25° 的助滑道上滑下，以 50～70km/h 的速度滑上 6～8m 高的起跳台，起跳后在空中腾起距着陆点的落差最高可达 10 米左右。运动员要穿着重达 10kg 的雪板和雪鞋在高空中完成快速、复杂的翻转动作，然后落在坡度为 1° 的着陆坡上，整个技术动作完成过程复杂、惊险，同时完成技术动作时的外部客观条件总是处于多变状态下，因此也决定了这个项目具有很大的风险性和偶然性，这就使这个项目的体能因素显得更加重要。

本书对我国高水平自由式滑雪空中技巧运动员的体能训练理论和实践进行了研究。主要结论如下：

（1）自由式滑雪空中技巧的项目特征、体能特征、技术动作结构和肌肉工作特点、运动员的个体特征是我国高水平自由式滑雪空中技巧运动员体能训练理论的主要依据。

（2）自由式滑雪空中技巧体能训练的方法设计从项目的特征出发、个体的特点入手，突出训练的实效性、针对性和个案性，避免了训练的负面效应。

（3）我国高水平自由式滑雪空中技巧运动员体能训练内容包括力量、协调、灵敏、柔韧、无氧及有氧代谢等能力的训练，力量训练是我国高水平自由式滑雪空中技巧运动员体能训练的主要内容。以与专项的关系为依据，将力量训练划分为基础性力量训练、专门性力量训练；以肌肉力量的功能为依据，将力量训练划分为稳定性力量训练、动力性力量训练；以身体在不同支撑状态下为出发点，将力量训练划分为非稳态下的力量训练、稳态下的力量训练。

（4）从身体素质、身体机能、身体形态等方面对我国高水平自由式滑雪空中技巧运动员体能状态进行的诊断和评价，是制订不同运动员阶段体能训练计划的主要依据。

（5）我国高水平自由式滑雪空中技巧运动员体能训练的主要

方法包括基础性体能训练和专门性体能训练。基础性体能训练方法主要包括基础力量、核心力量、平衡能力、协调能力、柔韧、无氧及有氧代谢等能力的训练；专门性体能训练方法主要包括针对助滑及起跳阶段、空中及翻转阶段、落地阶段的专项技术环节以及各环节协调配合展开的体能训练。

（6）自由式滑雪空中技巧专门性力量是以发展快速力量及在非稳态下快速用力时对身体稳定、平衡控制能力训练为主要表现形式，训练方法紧密结合专项技术动作的特征，促使基础性力量在专项力量上得到有效的转化，使专门性力量在完成专项技术动作时得到有效的利用。

本书由 5 章构成，共 14 节，第一章主要对自由式滑雪空中技巧规律与项目特点进行介绍，对运动项目的复杂性，技术动作的惊险性与精准性进行详细的阐述，客观分析比赛中的不确定性，对项目的发展进行了准确的回顾，并对致胜规律进行了科学合理的研究。第二章主要是对自由式滑雪空中技巧中"新赛制"的研究，从新、旧赛制的对比入手，结合空中技巧、国际格局对新赛制的影响进行详细分析。第三章是对自由式滑雪空中技巧运动员高难度技术动作特点的研究，从空中技巧 bFdF 动作开始分析，再到对我国自由式滑雪空中技巧运动员三周动作着陆成功率影响因素进行研究，从而对我国自由式高水平运动员技术动作进行严谨的分析和研究。第四章是对我国自由式滑雪空中技巧高水平运动员身体素质特征的研究，主要从两个方面：①力量素质的专项化探讨；②平衡能力对高水平运动员的影响。第五章是进行基于高水平运动员进行可持续发展的冰雪运动推广模式的研究，合理地分析了推广任务、开展情况与制约因素，并提出了合理的建议和解决办法。

目录

第一章
自由式滑雪空中技巧规律与项目特点的研究

本章提要："稳、难、准、美"是本项目比赛的主要制胜规律，也是本项目的显著特征。"稳、难、准、美"既有各自的内涵，又紧密相关，四者总和集中体现了空中技巧的特点和规律。

自由式滑雪空中技巧包括在准备性跳跃基础上的两次不同技巧跳跃，有力的起跳、高度和距离（腾空），合理的姿势、动作的技巧和精确性（动作），以及着陆。运动员的评分由三部分组成，分别为腾空 20%、动作 50%、着陆 30%。

一、技术动作结构的复杂性

运动员从坡度超过 20°，长度几十米的助滑道滑下，以 50 ~ 70km/h 的速度滑向跳台，运动员从台端起跳出台时要具有一定的向后翻转角速度和向前移动的线速度。腾起后的身体运动是身体重心沿抛物线轨迹向前移动，同时身体绕重心向后转的合运动。运动员在绕横轴翻转的同时还要绕纵轴旋转，最后落在坡度为 37°的雪坡上滑出。运动员一个完整的动作都是由 4 个循序性的基本动作环节组成的：助滑、起跳、空中翻腾和着陆滑出，技术动作结构越复杂，对身体素质的要求就越强。

二、技术动作的惊险性与难美性

"稳、难、准、美"是空中技巧项目比赛的显著特征，同时也是比赛制胜的关键所在。自由式滑雪空中技巧的比赛器械是一周、两周、三周台，运动员身穿重达 8～10kg 的雪具向空中腾起落差高达 10 多米的高度，并在高速和高空中完成复杂的技术动作后落在着陆坡上。技术动作的完成过程惊险、难度大，这对运动员的体能、意志品质和心理素质要求极强。另外，空中技巧运动要求运动员空中姿态、形体美，动作规范、舒展、协调，有艺术表现力。要想在比赛中获胜，必须增加动作的难度系数，难度是制胜的重要因素，但动作难度越大，危险性越高，失误率越大，对运动员体能的要求越强。

三、神经系统反应的灵活性和控制的精确性

空中技巧技术的发展趋势是"难、美、稳"的高度结合。运动员要在高速和高空中完成复杂动作，要求运动员要有快速的分析、判断和反应能力，同时要有非常好的时空感知觉能力，空中对身体的平衡、稳定、控制和定向能力，要求运动员神经系统对肢体有精准的支配能力。

四、客观因素的不确定性

空中技巧运动的训练和比赛都是在寒冷冬季的户外进行的，运动员完成每一跳动作的关键环节，是必须要有适宜的起跳速度和合理的起跳用力节奏。当户外的气温、风速、风向和场地设施有变化时，都会对运动员起跳的速度和起跳用力节奏产生影响，必然对整个动作的完成质量产生影响。这就要求运动员要有非常

好的控制、平衡以及协调用力的能力。

五、比赛结果的偶然性和残酷性

冬季奥运会比赛时，空中技巧项目在预赛和决赛中，运动员只有两次动作的试跳机会，只要有一次试跳失误，就没有获胜的机会了。而且，从历年的奥运会比赛情况看，在奥运前的世界大赛中，表现突出的运动员有可能在预赛中就被淘汰出局，在预赛中表现一般的运动员，有可能在决赛中取胜，在预赛中表现突出的运动员，在决赛中有可能表现一般。这就是这个项目的偶然性和残酷性，同时也是这个项目的魅力所在。

六、心理素质的稳定性

对"几秒钟艺术"的空中技巧项目来说，每一个准确、协调、优美和稳定的动作完成，不仅取决于运动员的生理机能和身体素质，还取决于运动员稳定的心理素质，尤其是在关键的世界大赛情形下，稳定的心理素质更为重要。因此，运动员必须具备良好的心理素质和个性心理特征，才能在竞赛中保持最佳竞技状态，创造最佳运动成绩。

七、运动员受伤的风险性

技术动作的复杂性、完成动作的惊险性、训练和比赛时外界客观因素的不确定性，都预示和决定了这个项目的运动员受伤的风险性非常高。运动员受伤的部位主要集中在髋、膝和踝关节上，尤其是膝关节受伤的比例非常大，这就要求运动员下肢要有很好的力量素质、平衡和稳定能力。

第一节　自由式滑雪空中技巧制胜规律研究

通过对 1990—2008 年国内外公开发表的自由式滑雪空中技巧运动方面的论文检索，发现 10 多年来关于自由式滑雪空中技巧的科研论文共有 200 篇左右，主要涉及技术方面研究 12.5%、体能 2%、选材 1.3%、损伤 8.6%、形态 8.5%、机能 7.2%、心理 7.9%、生物力学 7.9%、赛事及对手实力分析 19.7%、规则及场地设施 9.9%、理论研究 14.5%。从文献数量来看，呈逐年增加的趋势，从期刊的质量看，有关体育类核心期刊上发表的论文较少，关于技术、体能训练的研究成果较少，说明自由式滑雪空中技巧虽然是我国冬季奥运会的优势项目，但由于冬季项目的研究群体仅限于北方的体育院校和科研院所，研究力量比较薄弱。与夏季奥运会优势项目研究力量相比，无论数量还是质量，都相对较弱，说明关于空中技巧领域的科研还处在起步阶段 [1]。

本节的研究目的在于深入研究空中技巧项目的规律和特征 [2]，把握空中技巧训练的科学化方向，全面、系统地分析运动员在竞赛过程中，如何保证技术、体能、心理和智能得到充分的发挥，在现有空中技巧文献中还没有发现有关制胜因素或制胜规律的研究，只能从相关文献中归纳出制胜规律的信息，在前人研究的文献中，根据课题的需要，确定从项目规律、特征、身体机能、训练、生物力学、运动损伤、心理、选材、评分规则、竞赛及对手实力分析等方面的文献中研究空中技巧的制胜规律和确定制胜因

[1]　刘仁辉 . 我国自由式滑雪空中技巧女子运动员体能差异的研究 [J]. 沈阳体育学院学报，2006 (6)：68-70.

[2]　戈炳珠 . 空中技巧项目的特点与规律 [J]. 沈阳体育学院学报，2002 (3)：60-65.

素的指标，以便在课题研究中提供依据。

一、空中技巧在项目特征与规律方面的研究

许永生在《浅析自由式滑雪空中技巧项目的特点与规律研究》中指出：自由式滑雪空中技巧运动员专项素质主要有力量素质、速度素质、协调性（如肌肉工作的协调性、动作结构的协调性）、平衡能力（如空中动作的稳定性、成功率和控制能力）、柔韧性（如动作幅度、动作的优美性等），只有全面发展和稳定提高这些方面的素质，才能保证运动员出色完成技术动作，并取得优异成绩。此外，优秀的自由式滑雪空中技巧运动员都具有迅速、准确的神经肌肉传导和调节执行能力，具有稳定的技能形成通路和熟练、高超的技术水平，具有完美的技术表现力。

戈炳珠、杨尔绮在《对自由式滑雪空中技巧项目规律与特点的再认识》中指出：我们不但要认识与把握本项目动作自身的规律和特点，还要认识与把握本项目训练的规律和特点及其管理的规律和特点。在训练上，要有"三部曲"的统筹理念。这"三部曲"即陆上训练、水池训练、雪上训练。三者之间既有渐进性，也有往复性，要统筹兼顾，合理安排，但终极目标则是追求雪上专项训练的最佳实效。在管理上，要健全组织、落实人员，要有行之有效的激励机制与监督机制，切实解决队内目前存在的"恐伤症""畏难症""后患症"等实际问题。

王福庆、王玲、纪冬在《自由式滑雪空中技巧比赛作风和竞技能力的分析与思考》中指出：客观审视运动员在国际大赛过程中的竞技能力与拼搏精神、经验作风、意志力等综合表现，为我国自由式滑雪训练提供创新理念内涵。对芬兰世界杯自由式滑雪空中技巧比赛作风和竞技能力进行研究，面对突然变化的天气状况和比赛环境，世界高水平运动员所表现出的沉着、冷静、勇

敢、果决与自信的优良作风和竞技能力令人敬佩。应全面贯彻落实"从难、从严、从实战出发"的训练原则，强化我国空中技巧运动员敢于拼搏的比赛作风、最佳竞技能力的培养和提高。

二、空中技巧在身体机能方面的研究

马毅、郑凯、常波、戈炳珠、闫红光等在《自由式滑雪空中技巧项目备战 2006 年冬季奥运会综合攻关研究》中指出：通过长期跟踪监测，对运动员机能水平的评定指标进行研究，发现心率、血压、尿蛋白、血红蛋白、尿素氮的变化不大，其原因一方面是训练的强度不大，机体在 24h 内可以恢复；另一方面是这些指标对自由式滑雪空中技巧的训练不太敏感。闪光融合率较为敏感，可以作为评定疲劳的指标，同时也说明自由式滑雪空中技巧的专项疲劳主要是中枢神经系统的疲劳。在运动中补糖可以缓解自由式滑雪空中技巧运动员在寒冷的环境下长期训练引起的血糖下降，但神经系统的疲劳未见明显改善。

高淑杰等在《自由式滑雪空中技巧运动员反应时分析及应用》中指出健将级运动员比一级运动员具有更快的反应，灵活性更高；反应时与自由式空中技巧运动员完成技术动作的准确性和动作的复杂性可能存在一定相关关系。建议做进一步的研究；定期跟踪测试，根据反应时变化规律评定运动员当时的机能状态，判断神经系统的疲劳程度，并结合其他机能测试指标分析原因，为教练员制订训练计划提供依据。

常波在《备战 20 届冬季奥运会自由式滑雪空中技巧国家队运动员不同训练时期机能水平的监控》中指出：通过阶段性生物学监控，发现定期对运动员生理生化监控的指标中，对于自由式滑雪空中技巧运动员较为敏感的指标有血睾酮、皮质醇、T/C、血红蛋白、血清肌酸激酶、尿素氮、血清铁蛋白、闪光融合频率等。其中，运动员普遍存在着高皮质醇血症，尤其在赛前；另外，赛后运动员血红蛋白和血清铁蛋白普遍下降，T/C下降。当伴随着血清肌酸激酶和尿素氮升高时，机能水平下降，恢复减慢，适应运动负荷能力较差。

三、空中技巧在训练方面的研究

纪冬等在《2007—2008赛季国家自由式空中技巧滑雪队情况分析与备战2010冬季奥运会对策研究》中指出：为了实现2010年的备战目标，在2008—2009年训练中应着重解决如下几个问题：修正和提高男女运动员的技术细节；解决女子F的起跳问题；解决女子三周着陆成功率问题；提高男子运动员夏季三周动作量的积累，规范着陆技术要领和质量，提高躯干力量和下肢力量的训练效果。

刘春颖、戈炳珠在《自由式滑雪空中技巧国家集训队男运动员专项技术训练课研究》中认为：男运动员水池训练应减少基础动作跳次，增加准备难度动作和比赛动作跳次，雪上阶段应减少基础动作跳次，增加三周的准备难度动作和比赛动作跳次。建议在奥运周期第四年以三周动作训练为主，减少两周准备难度动作和基础动作。奥运周期第三年，训练课的安排会延迟比赛动作的掌握，而且不利于比赛时竞技能力发挥。建议此时期水池训练阶段应适当安排模拟比赛训练课，在奥运周期第四年以模拟比赛训练为主要训练方式。

赵佳、王卫星在《自由式滑雪空中技巧项目运动员核心力量训练研究》中认为：核心力量训练对自由式滑雪空中技巧项目运动员的空中动作及落地都具有重要意义，通过诊断发现我国本项目运动员的核心力量水平尚处于薄弱水平，需要进行重点训练。采取科学的与专项能力配合紧密的训练方法和手段进行核心区力量训练，对提高自由式滑雪空中技巧项目运动员的核心力量具有重要意义。

刘仁辉在《我国自由式滑雪空中技巧女子运动员体能差异的研究》中认为：对于中国自由式滑雪空中技巧女子项目，体能训练中应该定期进行测试，及时找出身体机能不对称部位，并作为训练重点，注重身体机能的对称性，从而全面、均衡地发展体能。

高婉娜、庞晓峰在《自由式滑雪空中技巧运动员踝关节的功能训练》中认为：任何训练都能对关节形态和结构产生积极的影响。锻炼增强了关节周围肌肉力量，使肌腱韧带增粗，关节面增厚，关节稳定性得以提高，从而加强了对关节的保护。而柔韧性练习可以增加关节周围肌腱和肌肉的伸展性，从而维持关节运动幅度，柔韧素质的提高有助于动作的协调和灵活，对运动成绩的提高、减少和预防损伤有着重要意义。

四、空中技巧在生物力学方面的研究

佟永典等在《自由式滑雪空中技巧运动员跳深落地下肢受冲击力特点的实验研究》中指出跳深落地时人体受的竖向支反力与脚落地的缓冲方式有关，前脚掌先落地缓冲支反力峰值小，全脚掌先落地引起的支反力峰值大。跳深落地缓冲是脉动式的缓冲过程。跳深落地缓冲，全脚掌先落地第一脉动缓冲制动后，肌肉群退让性收缩肌力的下降梯度随落差增大而增大。跳深落地缓冲过程压力中心变化曲线形状可分析运动员落地稳定性的控制能力好坏。压力中心变化曲线形状前后向、左右向的最大维度以前后长、左右窄为好。建议在水池训练时，落水过程采用主动屈髋、膝、踝的缓冲动作过程可以降低竖向冲击力，可减少腰痛，增加训练有效性。雪上训练时，应以较大髋角和较大膝角落地，这样有利于提高落地质量及落地稳定性的可控制阈度。

娄彦涛等在《我国女子自由式滑雪空中技巧队三周台腾空高度与落地冲击力的关系》中认为：通过平台、一周台和二周台动作落地冲击力曲线，算出女子运动员三周台落地时测力鞋垫所受冲击力是人体体重的 7.06~8.13 倍，测力平台所受的冲击力为 5.22~6.02 倍。

五、空中技巧项目运动损伤方面的研究

刘光宏、鞠秀奎在《我国优秀自由式滑雪空中技巧运动员运动损伤的研究》中指出：①我国优秀空中技巧运动员运动损伤的情况较为严重，所有的成年运动员都受过不同程度和性质的运动损伤，青年运动员伤病率也较为严重；运动损伤主要部位有腰部、膝部和踝部等。②运动损伤病程以慢性为主，急性为辅，其性质以扭伤、劳损和拉伤为主；运动损伤的发生大多在训练的开始阶段、下午的时间和平时训练过程中。③导致我国优秀空中技巧运动员运动损伤的主要因素是身体素质不够、准备活动不当、技术要领不正确等。

自由式滑雪空中技巧运动对运动员心智素质也有特殊要求。心智竞技能力在运动员获得熟练技巧以及在比赛时的完美表现过程中起着重要的支配作用。优秀自由式滑雪空中技巧运动员的智商在（120±10）水平，其记忆力、观察力、注意力、模仿力及思维能力与体操、技巧类运动员一样敏捷、高强、准确。同时，健康稳定的情绪心理，顽强果断的意志品质，沉着稳定、充满自信的性格对雪上空中技巧运动员也是至关重要的。

徐凛、寇利胜对自由式滑雪空中技巧运动员半月板损伤的疗效观察发现，自由式滑雪空中技巧项目运动员半月板损伤是由于运动员在落地时，下肢（雪板）与雪面接触的角度不佳

或受到的冲击力过大所造成的，其损伤的部位和位置没有特异性。半月板前后角和边缘损伤比体部损伤容易恢复，主要是半月板边缘营养供应较体部要好。综合应用手法、药物、针灸疗法是治疗半月板损伤的有效方法。建议加强落地时心理、技术训练，同时在专项训练时，对易伤的膝、踝关节要用胶布固定带加以保护。治疗时首先要做好急症处置，解除"绞索"，尽量减轻创伤性滑膜炎的程度。中后期治疗时应配合功能练习。加强对场地雪质、厚度及场地坡度的研究，使场地更加合理，达到减少运动性损伤的目的。

苗欣等在《我国优秀自由式滑雪空中技巧运动员运动损伤调查》中指出：空中技巧运动员急性损伤占总损伤的45.83%；慢性损伤占总损伤的54.17%。慢性损伤中急性损伤转慢性损伤占总损伤的25%。这说明目前对于急性损伤的治疗、伤后的康复训练以及伤员重返训练场的时机掌握这一系列问题的处理还存在不足。轻度损伤占总损伤的47.92%；中度损伤占总损伤的22.92%；重度损伤占总损伤的29.17%。轻度损伤主要为慢性损伤，而中、重度损伤主要以急性、急性损伤转慢性损伤为主。该项目的损伤组织主要为骨骼肌和关节。轻度损伤多发于骨骼肌，而中、重度损伤多发于关节。这提示关节损伤对训练和比赛的影响更大。

纪冬、王鹏程在《自由式滑雪运动员损伤恢复期的专项训练》中对自由式滑雪运动员损伤恢复期的专项训练研究指出：①力量训练：主要是腰腹部和腿部肌肉，尤其是股后肌群的力量训练。如果伤势严重，应绝对禁止动力性力量练习而采用静力性力量练习。随着治疗的深入而逐渐增加动力性负重练习，但必须以不引起疼痛为前提。伤愈后应尽快恢复全面的力量练习。②灵活性训练：充分的伸展练习，有助于灵活性的保持。慢跑可以使肌肉对伸展活动有所准备，各种变速跑、跳，甚至踢足球，都有助于提高灵活性。而训练结束做整理训练时，采用伸展活动，不仅可以提高灵活性，还有助于疲劳的恢复。

六、空中技巧在心理方面的研究

周成林等在《自由式滑雪空中技巧运动员"难新技术动作"心理控制能力的研究》中指出，保证难新技术动作的成功率和大赛前的心理控制能力是至关重要的，因为空中技巧的整个动作是由助滑起跳、空中动作和着陆3个部分组成，比赛时成绩是以裁判员对运动员完成动作的难度、质量、着陆稳定性等决定其分数系数的大小，着陆稳定性不仅决定着陆分的高低，还直接影响着空中动作质量。因此，随着空中技巧运动技术水平的提高和保证难新技术动作的成功率，以及大赛前的心理控制能力是至关重要的，空中技巧的整个动作中助滑起跳、空技术难度增加，我们提出空中技巧运动员"难新技术动作"的心理控制能力的研究，其目的是使空中技巧运动员在完成"难新技术动作"时的助滑速度感、起跳时机和角度、空中动作的时空感及着陆等心理控制能力都有明显的提高，从而为提高难新技术动作的成功率打下良好的基础。

郑锦惠、常波在《自由式滑雪空中技巧国家队运动员竞赛焦虑特征与成绩关系的研究》中指出，空中技巧国家队运动员的赛前状态焦虑在性别和训练年限上没有显著性差异，同时结果还表明，随着训练年限的增加，运动员在认知状态、躯体状态两个维度上的焦虑均值呈递减的趋势，这可能是运动员大赛经验的不断积累和竞赛情绪调控能力逐步提高的具体体现。运动等级与状态自信心有显著性差异，说明在竞赛情境中，运动员的自信心是随运动等级的晋升而增强的。空中技巧国家队运动员的比赛成绩与认知状态焦虑和状态自信心的相关有显著意义，故竞赛特质焦虑和赛前状态焦虑是影响空中技巧国家队运动员成绩的一个重要因素。

周成林在《自由式滑雪空中技巧运动员主要技术和心理控制研究》中指出：①空中技巧运动员助滑速度知觉存在最佳控制范围，在这一范围内进行现场监测与反馈能有效地提高运动员助滑速度知觉控制能力，这种控制能力与运动成绩有较高相关性。②空中动作表象技能的形成过程开始进步较快，然后转入平稳期并保持较高水平。生物反馈监测可以较好地提高运动员动作表象训练的质量，表象训练能促进运动员自我感知能力的提高，有利于改进运动员空中动作横轴翻转过快、纵轴转体不足问题，从而提高空中动作质量。③空中技巧运动员存在着陆偏移距离问题，人体重心偏移运动轨迹的距离是影响着陆偏移距离的决定性因素。现场技术监控训练能较好地解决运动员着陆偏移距离问题，从而有效地提高运动员动作成功率，促进运动员着陆稳定性的提高。④多种心理训练方法可以较好地提高大赛前运动员的认知心理调控能力，减缓运动员赛前心理压力，使运动员完成动作的自我感觉及自我控制能力有明显提高。这些积极的赛前心理准备为保证运动员技术水平正常发挥奠定了基础。

七、空中技巧在选材方面的研究

刘威、李常州在《自由式滑雪空中技巧项目特点及选材指标优化探讨》中指出：①自由式滑雪空中技巧项目特点表现为：动作结构的复杂性、技术动作的惊险性与难美性、头脑反应的灵活性、心理素质的稳定性等方面，对运动员竞技能力要求是综合的、全方位的。②在实际操作中，可把下肢长／身高、胸厚／胸宽、踝围／跟腱长、克托莱指数这4项指标作为雪上空中技巧运动员选材时最重要的身体形态指标进行测量、评价。③身体机能的选材优化指标为无氧功递减率、血乳酸、助跑冰上滑行和盲步直线行走。④身体素质选材优化指标为代表手臂力量握力，代表下肢力量的纵跳／身高和半蹲／体重值，代表速度素质的屈膝走，以及代表灵敏素质的双摇跳绳，同时要具有良好的腰腹力量和空翻能力。⑤从心理学角度来选拔后备滑雪空中技巧运动员，这就要求要结合性格、气质和能力的特点认真考虑，选拔出勇于挑战、意志坚定、情绪稳定、接受信息能力强，并且具有一定的创造能力的优秀队员。

郭云清在《自由式滑雪空中技巧运动员感知觉选材的研究》中指出，空中技巧运动员的感知觉能力与运动成绩密切相关，运用科学的方法选材，具有更大的经济性、实效性，避免人力、物力及财力的浪费。

栾兆亮等在《自由式滑雪空中技巧运动员年龄、身高的研究》中指出，自由式滑雪空中技巧优秀运动员的身高相对集中，运动员的身高处于中等水平，身材相对修长。建议在我国自由式滑雪空中技巧发展过程中，注重世界优秀运动员的身体形态的变化情况，加强我国该项目运动选材的科学性，保证该项目的可持续性发展。世界优秀自由式滑雪空中技巧运动员的平均身高，男子为 174.84cm，女子为 162.43cm。

陈自强在硕士论文《我国自由式滑雪空中技巧运动员科学选材方法的研究》中指出：①自由式滑雪空中技巧项目技术特点对运动员的竞技能力要求是综合的、全方位的。要求优秀运动员在形态、技能、素质、技术、心理和智力上有全面的发展。②空中技巧优秀运动员的形态特征：身高中等略偏低，体重适中，具有身体上下身比例协调，肩略宽，躯干呈倒三角形，身体体脂较薄，围度适中，匀称，上下肢较长，小腿较长的特点。其中（小腿长 A/ 下肢长 B）×100 指标可以作为竞技能力中的敏感指标用于优秀运动员的选材。③空中技巧运动员的眼底检查状况、血红蛋白水平和平衡能力三项可用于优秀运动员选材。④空中技巧优秀运动员需要有较大的手臂力量，较好的下肢爆发力，良好的腰腹力量和空翻能力，以及高度的灵敏协调性。⑤在综合分析、归纳、比较了大量的文献资料和进行了专家问卷调查，结合我国自由式滑雪空中技巧项目竞技能力特征，初步确立了我国自由式滑雪空中技巧运动员的选材指标：形态指标、机能指标、技术指标、素质指标、心理和智商指标[3]。

八、空中技巧项目评分规则方面的研究

刘伶燕等在《2007 年版自由式滑雪空中技巧评分规则的变化及应变对策》中认为：① 2007 年版国际雪联空中技巧评分规则是有史以来变化最大的，其主要变化是空中动作评分由原来的"身体姿势"单一模式变为如今的"周际界线—动作时机—身体姿势"三位一体模式；与旧版规则相比，新版规则对各周动作的周际界线要求更严了，对转体开始与结束时机的要求放宽了，三周空翻第 1 周或第 3 周转体大于 360°的动作难度增加了。② 2007 年版规则动作时机评分标准图解把水平位的 9 点位相作为一周起始的 0°是正确的，因为它符合此项动作技术的实际。正是由于这一根本理念的更新，才使得新的动作时机评分标准更加合理。③为了适应空中动作评分标准的变化，我国运动员应在掌握正确的纵轴转体基本技术的基础上，形成早转、快转的技术风格，同时要深入研究并充分运用相应的手臂动作，使其在

---

[3] 韩睿，李征宇 . 我国自由式滑雪雪上技巧项目的可持续发展 [J]. 冰雪运动，2011，33（1）：36-40.

有效表达周际界线方面发挥独特作用。④ 2007 年版规则的动作难度变化目前与我国男运动员关系密切。根据其变化及我国男运动员的现状，建议他们要重点考虑三周空翻第一周或第三周 dF 类动作，尤其是当前要尽早掌握并完善 bdFFF。只有牢固掌握 bFdFF、bdFFF 及 bFFdF 之后，才可考虑进一步突破 4.90 以上难度动作。目前我国男运动员不宜考虑含 Ru、Ra 及 Rz 类型的三周空翻转体动作。

九、空中技巧在竞赛及对手实力分析方面的研究 [4]

李军艳在《冬季奥运会自由式滑雪空中技巧夺金动作难度和质量的关系》中认为，空中技巧动作难度和质量存在着此消彼长的关系，动作难度大其质量将会有所降低，4 届冬季奥运会空中技巧比赛中，夺金者多以超难动作组合取胜。冬季奥运会男子空中技巧比赛夺金者选择主流动作组合和超难动作组合各占一半，要想取得冬季奥运会男子空中技巧金牌，动作难度组合须在主流动作组合以上。冬季奥运会女子空中技巧比赛夺金者都是以超难度动作组合取胜的，要想取得金牌，需储备主流动作以上的难度动作。建议我国空中技巧国家队不仅要加强质量关的把握，而且要着重提高选手的动作难度，如此才能保证在 2010 年冬季奥运会上再创佳绩。

于晓光、戈炳珠在《温哥华冬季奥运会自由式滑雪空中技巧赛后的思考》中认为：第二十一届温哥华冬季奥运会，我国空中技巧选手以出色的表现发挥了应有的水平，金牌旁落的根本原因乃是目前尚未具备绝对实力。从当今世界空中技巧运动发展态势

---

[4]　文浩平，刘澳宇，刘莹，等. 北京冬季奥运会我国自由式滑雪空中技巧竞技实力分析与提升路径 [J]. 安徽体育科技，2023，44（02）：36-39+45.

来看，在冬季奥运会上使用一档难度夺冠的可能性最大，使用二档难度也可夺冠，但使用三档难度夺冠的可能性已微乎其微。本届冬季奥运会女子空中技巧三周动作理想的使用效益将对今后该项目的发展产生重要影响。

本次大赛的严格评分乃是对本项目健康发展的明确导向——动作难度与质量并重，只有高质量地完成高难动作才能获得理想成绩。下届冬季奥运会女子项目 L. 莉迪亚仍是我们的头号对手，S. 阿索尔若日后动作加难也可对我们构成威胁；男子项目 K. 安东、S. 瓦伦与 P. 杰列特依然是我们的强劲对手。还应清醒看到将有一批这次未进入决赛的年轻选手，4 年后都可能成为我们的强劲对手。

为了 4 年后索契夺金，我们要突破"冲、保结合"的思维定式，在已有的团队优势基础上致力培养出若干世界顶尖选手。

第二节　空中技巧项目在国际上的开展情况及主要强国的发展经验

自由式滑雪产生于 20 世纪 60 年代末，当时美国一批狂热的滑雪爱好者们将高山滑雪与技巧融合在一起，发明了或在雪上或在空中辗转腾挪的新项目。最初，人们称这种惊险刺激的运动为花样滑雪。

1979 年，国际滑雪联合会承认了这个项目并且定名为自由式滑雪。那时自由式滑雪又分为 3 个小项，包括雪上技巧、空中技巧和雪上芭蕾，现代自由式滑雪比赛分为 5 个小项，分别包括空中技巧、雪上技巧、双人雪上技巧、雪上障碍和双板 U 型场地。1992 年，雪上技巧成了冬季奥运会的正式比赛项目。空中技巧也在 2 年后的第十七届冬季奥运会上获得了正式项目资格。

一、自由式滑雪空中技巧在国际上的开展情况

中国早在 1989 年就正式开始了自由式滑雪空中技巧项目，当时有人已经想到，在以体能为主的雪上项目中，空中技巧这种以灵活和技巧见长的体育项目将会成为中国雪上项目的突破口之一。在体操、跳水等高技巧、低对抗的项目上，中国人已经多年来保持领先地位，空中技巧是雪上项目中对技巧能力要求极高的项目。我国经过十几年的艰苦奋斗与拼搏，在长野冬季奥运会上徐囡囡获得了女子亚军，都灵冬季奥运会上韩晓鹏获得男子冠军，李妮娜获得女子亚军，实现了我国在雪上项目上的历史性突破。

我国不是这个项目开展最早的国家，现在却是世界上开展该项目人数最多的国家，目前我国所有从事这个项目训练的运动员有 50 多人，世界上开展这个项目的国家还有白俄罗斯、俄罗斯、澳大利亚、加拿大、美国、日本和法国等几个国家，白俄罗斯、澳大利亚、美国和加拿大是我国主要的竞争对手，虽然这些国家从事这个项目的运动员的人数不多，但他们在这个项目的训练上有较长的历史，而且在技巧和身体能力训练上有着非常好的基础。

在第二十一届冬季奥运会空中技巧比赛男、女前 17 名选手中，9 名外国男选手平均年龄 29.1 岁，其中 31 岁的 G. 阿列克谢与 33 岁的 D. 德米特里（白俄罗斯）都参加了 4 届冬季奥运会，8 名外国女选手平均年龄 28.3 岁，其中 31 岁的 T. 阿拉（白俄罗斯）也是四朝元老，而 37 岁的五朝元老 C. 杰奎竟然成功完成了 7.85 的三周高难动作，获第 5 名。此外，上届冬季奥运会冠军现年 34 岁的四朝元老艾温莉（瑞士）预赛仍然跳了 7.85 动作。相比之下，我国本项目优秀选手的运动寿命却较短，欧晓涛、邱森、郭丹丹、季晓鸥、徐囡囡、王姣、韩晓鹏、郭心心、李妮娜

等 9 名奥运选手的统计得知，其平均退役年龄 24.2 岁，其中男子 25.3 岁，女子只有 23.6 岁，他（她）们最多只参加过 3 届冬季奥运会。如何才能有效延长我国空中技巧优秀选手的运动寿命，也将是我们探讨和研究的课题。

二、目前世界空中技巧的格局分布

在第二十一届冬季奥运会女子比赛中，有中国（4 人）、美国（4 人）、澳大利亚（3 人）及白俄罗斯（2 人）4 国进入决赛。从整体表现看，中国队略强于澳大利亚队，更强于白俄罗斯及美国队。即使李妮娜、郭心心退役，我队还有已掌握世界最高难度的徐梦桃及已具一定实力的程爽、代爽飞、张鑫等年轻选手，中国女队的整体实力仍处于世界领先。在男子比赛中，有白俄罗斯（3 人）、中国（3 人）、加拿大（3 人）、美国（2 人）及瑞士（1人）5 国进入决赛。美国队虽然只有 2 人进入决赛，但却获得了第 2 名、第 4 名的好成绩，从各队参加决赛的人均名次来看是最优的。年轻的 3 名中国选手首次参加冬季奥运会决赛即获第 3 名、第 6 名、第 7 名，但目前动作难度却居第二档次，若日后难度有所提升，这是一支很有希望的队伍。白俄罗斯队获得了第 1 名、第 9 名、第 11 名，再加上预赛意外失误的该队一号选手 K.安东，从比赛成绩、整体实力看，白俄罗斯队强于中国队。

温哥华冬季奥运会已经过去，2014 年索契冬季奥运会备战已经开始。为了更有针对性地备战，确保 4 年后索契夺金，我们必须尽早地分析该项目的发展趋势，明确届时的主要对手，制订训练制胜方案，提高训练和竞赛水平。

从女子项目看，澳大利亚的莉迪亚仍是我们的头号对手。莉迪亚今年 28 岁，与今年 37 岁的队友 C.杰奎相比，4 年后 32 岁的年龄对她不成问题。该选手技术全面，可根据比赛任务的不同

得心应手地变换使用两周和三周动作。自 2002 年冬季奥运会她以
6.675 的两周动作获得第 8 名之后，到 2004 年就有计划地走上了
三周台。在 2010 年 1 月 17 日世界杯第 4 站比赛中，她以 7.975 动
作夺冠，两跳总分高达 220.91 分，是有史以来的世界最高分。在
温哥华冬季奥运会决赛中，她使用同样动作以绝对优势夺冠。S.阿
索尔（白俄罗斯）今年也是 28 岁，她以规范的 7.30 动作在近两
届冬季奥运会上分获第 5 名与第 4 名。练体操出身的美国小将 C.阿
斯莉今年只有 17 岁，2009/2010 赛季只参加过 3 次世界杯，随后
在冬季奥运会便以 6.675 动作获得第 10 名。这些国外女选手都可
能是中国队在下届冬季奥运会比赛中的主要对手[5]。

　　从男子项目看，虽然白俄罗斯的 K.安东因预赛失误未进决
赛，只排在第 15 名，但他依然是中国队的头号对手。其主要理
由如下：拥有 9.525 的世界最高难度动作；2010 年世界杯总排
名第 1 位，在 6 站比赛中连获 4 金 1 银 1 铜，使用 8.95 动作曾
两度突破 260 分大关。下届冬季奥运会 K.安东将会更加成熟，
会成为我们最大的劲敌。加拿大 27 岁的 S.瓦伦决赛使用 9.075
动作，在第一跳着陆失败的情况下以 223.30 获得第 10 名，这并
不是他的真实水平，如果把其预赛的 122.79 分与决赛的 129.27
分（本次大赛单跳动作的最高分）相加可得 252.06 分，这要反
超本届冠军 G.阿列克谢 3.65 分。美国 29 岁的 P.杰列特在温哥
华决赛中成功使用 9.325 的高难动作以 247.21 分获得银牌，我们
发现，他的第一跳，1 号、2 号、3 号裁判员分别打出了相近的 6.5
分、6.3 分与 6.5 分，而 4 号、5 号裁判员依次打出了 5.9 分与 5.8
分，若后两者中有 1 人打出 6.2 分该选手就夺得金牌。P.杰列特

[5]　王旭，戈炳珠，刘伶燕. 我国开展自由式滑雪雪上技巧 SWOT 分析及发展策
　　略 [J]. 沈阳体育学院学报，2010，29（2）：18 - 19.

从 2005 年始启用 9.325 动作至今已趋成熟，除此之外，他还在 2007 世界杯以 268.70 分与 252.26 分连夺两站金牌，而 268.70 分是当今世界最高分。由此可见，K. 安东、P. 杰列特和 S. 瓦伦等选手仍是我们的强劲对手。另外，在进入第二十一届奥运会决赛的其他 7 名外国选手中，较年轻的美国选手 S. 瑞安（第 4 名）、白俄罗斯选手 S. 泰莫非（第 9 名）及瑞士选手 L. 托马斯（第 12 名）以及这次未进入决赛的一批青年选手，今后 4 年都可能会有长足进步。

对于第二十一届冬季奥运会空中技巧比赛，我国男、女选手均是 4 人满额参赛且 7 人挺进决赛。在预、决赛男、女选手共 30 跳动作中成功 26 跳，成功率为 86.6%。结果女队李妮娜、郭心心、徐梦桃及程爽分获第 2 名、第 3 名、第 6 名、第 7 名，此乃我国女队参加 5 届冬季奥运会的最好成绩，尤其是李妮娜、郭心心及程爽都发挥了自己的最高竞技水平。男队刘忠庆赛前呼声并不高，但决赛发挥出色，勇夺铜牌；小将贾宗洋、齐广璞首次参加冬季奥运会即获第 6 名、7 名。总之，我国无论女队还是男队，作为一支世界强队，他们在本次大赛中都发挥了应有的水平。

三、世界空中技巧竞技体育强国成绩的比较

表 1-1　空中技巧历届冬奥运会冠军动作难度一览表

性别	届数	姓名	国家	动作	难度	难度档次	总分	该届最高难度
女子	17	T. 丽娜	乌兹别克斯坦	bLFT+bLTT	6.70	一	166.84	6.70
	18	S. 娜凯	美国	bFdF+bLTF	7.025	一	193.00	7.30
	19	C. 阿丽莎	澳大利亚	bFdF+bFdF	7.05	二	193.47	7.85

续表

性别	届数	姓名	国家	动作	难度	难度档次	总分	该届最高难度
女子	20	L. 艾温莉	瑞士	bFFF+bLFF	7.85	一	202.55	7.85
	21	L. 莉迪亚	澳大利亚	bLdFF+bLFF	7.975	一	214.74	8.225
	17	S. 安德里斯	瑞士	bFFF+bFdFF	8.475	二	234.67	8.95
男子	18	B. 埃里克	美国	bdFFF+bFdFF	8.95	一	255.64	8.95
	19	V. 阿列斯	捷克	bdFFF+bdFdFF	9.425	一	257.02	9.425
	20	韩晓鹏	中国	bFdFF+bLdFF	8.60	三	250.77	9.325
	21	G. 阿列克谢	白俄罗斯	bFdFF+FFdF	8.95	二	248.41	9.40

从历届冬季奥运会决赛动作的平均难度来看，女子项目自第17届冬季奥运会的5.99经上届的7.20提高至本届的7.40，增幅为12.35%；男子项目自第17届的8.35经上届的8.71提高至本届的9.03，增幅为10.81%。把历届冬季奥运会的所有动作均分为4个难度档次。从各届冠军决赛所使用的动作难度来看（表1-1），有6届次为第一档次，其中4届次为该届最高难度，3届次为第二档次，只有韩晓鹏上届夺冠难度为第三档次。通过对历届冬季奥运会冠军参赛动作难度的全面分析可以看出，使用一档难度夺冠可能性最大，使用二档难度也可夺冠，但从当今世界空中技巧运动发展态势来看，使用三档难度夺冠的可能性很小。

表1-2　4个赛季世界杯、世锦赛及奥运会成绩统计（女子）

国家	2006/2007赛季			2007/2008赛季			2008/2009赛季			2009/2010赛季			奖牌与金牌数比例
	金	银	铜	金	银	铜	金	银	铜	金	银	铜	
澳大利亚	3	1	1	5	4	1	2	1	3	3	0	0	24/13
中国	3	4	4	1	3	6	4	7	2	4	6	6	50/12
瑞士	1	1	0	1	0	1	1	0	0	0	1	0	5/3
白俄罗斯	0	1	1	1	1	1	1	0	0	0	0	1	7/2
美国	0	0	0	1	0	0	0	0	0	2	0	0	3/1
加拿大	0	0	1	0	0	0	0	0	0	1	0	0	3/0

表1-3　4个赛季世界杯、世锦赛及奥运会成绩统计（男子）

国家	2006/2007赛季			2007/2008赛季			2008/2009赛季			2009/2010赛季			奖牌与金牌数比例
	金	银	铜	金	银	铜	金	银	铜	金	银	铜	
加拿大	3	3	2	6	2	2	2	2	4	0	1	0	27/11
白俄罗斯	0	3	1	2	4	2	1	3	0	5	1	3	25/8
美国	3	0	2	0	0	2	4	0	0	0	1	1	13/7
中国	1	1	1	0	1	2	0	2	0	2	4	2	16/3
乌克兰	0	0	0	1	1	0	0	0	2	0	0	0	5/1
瑞士	0	0	0	0	0	1	0	0	1	0	0	1	3/0
俄罗斯	0	0	0	0	0	1	0	0	0	0	0	0	1/0

从表1-2中可以看出，女子项目中，澳大利亚队与中国队处于优势地位。澳大利亚队在2007/2008赛季占有绝对优势，中国队在2008/2009赛季发挥较好，在2009/2010赛季占有明显优势，奖牌数是4个赛季中最多的。澳大利亚队的成绩主要由杰奎·库

珀和莉迪亚两人获得，而中国队成绩则分散在全队所有运动员上，仅李妮娜稍微突出。所以，中国队团体优势较大，而澳大利亚队个人水平较高。同时，瑞士和白俄罗斯队也是我国的主要对手。

从表1-3中可知，男子项目中，加拿大、美国、白俄罗斯队处于明显优势，尤其是加拿大队的斯蒂夫，前3个赛季状态非常好，蝉联世界杯总冠军。白俄罗斯队的安通在2009/2010赛季状态极佳，6站世界杯比赛夺得4站冠军、1站亚军、1站季军，奥运会预赛失误，但安通仍是下届冬季奥运会最具实力的竞争对手。从2009/2010赛季可以看出，中国队表现比较出色，夺得8枚奖牌，奖牌数与白俄罗斯队相当。乌克兰、俄罗斯、瑞士等国家的实力也不容小觑。

2009/2010赛季中国队男、女运动员共夺得24枚奖牌，占该赛季总奖牌数的57.2%，是4个赛季奖牌数最多的，可见中国队整体实力有了明显上升，女运动员金牌数占金牌数的57.14%，男运动员金牌数占金牌数的28.57%，显然我们对冲击金牌还不具备明显的优势。因此，在2014年备战周期中我们必须具备夺取金牌的明显优势和显著实力。

（一）历届奥运会女子决赛难度系数整体分析

整体分析

1994年第17届冬季奥运会上自由式滑雪空中技巧首次列入奥运会正式比赛项目。在这届冬季奥运会的女子决赛中，冠军选手所采用的动作组合难度是6.7，为决赛中最高的难度系数，而且只有1人使用。二档难度组合系数是6.35，只有1人使用，成绩位列第9名。本届冬季奥运会上运动员所采用的难度组合系数大都为6.05，使用人数达7人之多，而且在本届冬季奥运会上分别取得了亚军和季军（图1-1）。

1998年第18届冬季奥运会上女子获得冠军的动作组合难度

组合系数是 7.05，只有 1 人使用。本届比赛中运动员所采用的最高难度组合系数为 7.3，但动作没有得分，所以参赛中冠军所采用的难度组合为成功动作的最高难度组合。第二难度组合系数为 6.7（1994 年冬季奥运会冠军难度组合系数），比赛中有 3 人使用，而且该难度组合系数获得了亚军。第三难度组合系数为 6.05，使用人数为 5 人，在所有难度中所占比例仍然较大，并且在比赛中获得了第 3 名（图 1–2）。

2006 年第 20 届冬季奥运会上女子获得冠军的难度组合系数为 7.85，为最高档难度组合，有 3 人使用该难度组合。二档难度组合系数为 7.3，在比赛中获得第 5 名。本届比赛中主流难度组合为 7.05（即 2002 年冬季奥运会中冠军难度组合 7.1），共有 6 人使用，分别获得亚军和季军（图 1–3）。

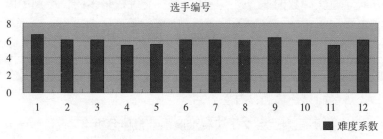

图 1-1　1994 年冬季奥运会决赛女子前 12 名难度系数比较图

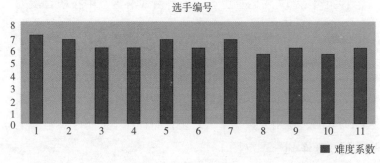

图 1-2　1998 年冬季奥运会决赛女子前 12 名难度系数比较图

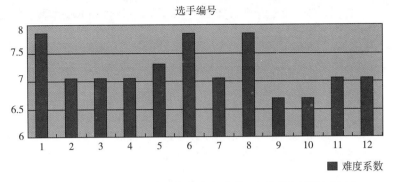

图 1-3　2006 年冬季奥运会决赛女子前 12 名难度系数对比图

　　1994 年冬季奥运会的冠军难度组合为 6.7，此难度组合系数在 1998 年冬季奥运会上取得亚军，2002 年冬季奥运会上取得亚军和季军。1998 年和 2002 年冬季奥运会上冠军难度组合系数分别为 7.05 和 7.1（动作相同），在 2006 年冬季奥运会上获得亚军和季军。2006 年冬季奥运会冠军难度组合系数为 7.85。在 2010 年冬季奥运会上获得季军和第 5 名。

　　1994 年冬季奥运会女子决赛中，主流难度组合系数为 6.05，获得亚军和季军。1998 年冬季奥运会中，选手采用比例最大的难度组合系数仍然是 6.05，只获得季军。2002 年冬季奥运会上比例最大的是 6.7 难度组合，分获亚军和季军。2006 年冬季奥运会决赛中，2002 年冬季奥运会冠军所采用的难度系数 7.05 的动作组合成为主流难度组合，采用该难度系数的运动员分别获得亚军和季军。而在 2010 年冬季奥运会决赛中，动作组合呈多样性，决赛的 12 人中 6 人为三周台选手、6 人为两周台选手，21 届冬季奥运会女子决赛前 6 名中有 5 人是三周台运动员，说明女子技术三周化已经成为趋势。

　　（二）整体难度组合系数统计分析

　　对前 5 届冬季奥运会上自由式滑雪空中技巧女子动作组合难

度系数进行统计处理得出，5 届冬季奥运会上女子难度系数是增长的，1994 年所有选手的动作组合难度系数最小，且波动范围较小，说明水平较低且差距不大。1998 年参赛选手整体水平提高，但选手间选择的难度系数差距较大。2002 年和 2006 年 2 届决赛中整体动作组合难度系数依次增加，选手间难度系数的差距依次减小，说明各国优秀运动员整体掌握动作难度增加，而且选手之间掌握动作之间差距减小。而在 2010 年冬季奥运会上，女子运动员难度系数突破了 8.0 达到 8.225。在决赛中除了一人使用 6.675 的动作组外，7.05 组合为最低难度，说明女子动作难度明显提高。

5 届冬季奥运会女子难度组合系数平均值变化曲线见图 1-4，是每两届冬季奥运会之间动作组合平均难度系数增加值。通过图 1-4 可以看出前 5 届冬季奥运会女子动作组合难度系数的平均值是递增的。结合表 1-1，按此规律发展，下届冬季奥运会上整体动作组合难度系数还将提高，而且波动范围会继续减小。通过图 1-4 可以看出第 17 届与第 18 届冬季奥运会中女子决赛动作组合难度系数变化最小，为 0.23。第 19 届比第 18 届增加较多，为 0.55。第 20 届比第 19 届增加 0.43。第 21 届比第 20 届增加 0.19。由此可见整体动作组合难度系数增加值有波动。

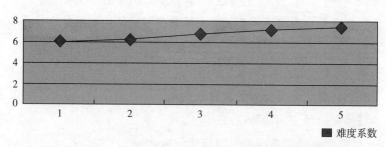

图 1-4　5 届冬季奥运会女子动作组合平均难度系数

第三节　中国空中技巧项目发展回顾及主要经验

中国自由式滑雪空中技巧项目自 20 世纪 80 年代末引进后，20 世纪 90 年代初从零起步，历经艰苦卓绝的努力，30 多年来飞快向前发展。

1996 年"冲出亚洲"，在第三届亚冬会上获女子前四名（郭丹丹、徐囡囡、尹红、季晓鸥），男子前两名（欧晓涛、费东鹏）。1996/1997 赛季获世界杯赛银牌两枚（郭丹丹、徐囡囡）。1997/1998 赛季获世界杯赛金牌两枚（郭丹丹、季晓鸥），季晓鸥将女子项目的分数越过 200 分大关（得 200.21 分），被加拿大媒体称为"滑雪英雄"。经过中国队艰难地冲拼，实力与经验不断提升，进而以"初生牛犊不怕虎"的精神，适时地制定了力争在第 18 届冬季奥运会中"以难制胜"的战略方针。

在 1998 年 2 月第十八届冬奥会上，我国 3 名女运动员以预赛第 1 名、第 6 名、第 8 名进入决赛，决赛获第 2 名、第 7 名、第 12 名的好成绩（徐囡囡、郭丹丹、季晓鸥），徐囡囡为国家获得了一枚宝贵的银牌，结束了中国滑雪运动员与冬季奥运会奖牌无缘的历史。1998 年冬季奥运会以后，中国在这个项目上经受过艰难的考验，老运动员退役，队内处于"青黄不接"的调整状态，运动员伤病也较多。世界杯 1998/1999 及 1999/2000 两个赛季，中国队没有进入前几名。

但是中国队并没有从此跌落下去，从困难与调整中积极振作起来，重振旗鼓，历经坎坷，在 2000/2001 赛季，老将徐囡囡获世界杯女子金、银牌各 1 枚。2001/2002 赛季，女子组获世界杯 3 枚银牌。2002/2003 赛季，中国运动员未进入前三名。2003/2004 赛季是中国队奋起的赛季，全队共获世界杯女子 3

金牌、3 枚银牌、1 枚铜牌的好成绩；男子成绩有突破，老将欧晓涛获得冠军，另一名男运动员获铜牌。2004/2005 赛季，获世界杯女子 8 金、4 银、3 铜，男子 1 金、2 银、1 铜。2005/2006 赛季至 2006/2007 赛季，女子获 3 金、4 银、4 铜，男子获 1 金、1 银、1 铜。2007/2008 赛季，女子获 1 金、3 银、6 铜，男子 1 银、2 铜。2008/2009 赛季女子获 4 金、7 银、2 铜，男子获 2 银。2009/2010 赛季女子获 4 金、6 银、6 铜，男子获 2 金、4 银、2 铜。

一、我国自由式滑雪空中技巧发展历程的阶段划分

中国自由式滑雪空中技巧项目的发展过程中，可按冬季奥运会周期，分为如下几个阶段：

（1）进阶阶段（1986 年底至 1990 年）：从舆论准备，项目论证，派出人员学习、考察、组建队伍，再至 1990 年组织中国队首次参加表演赛，历经 4 年多。

（2）开发阶段（1991 年初—1995 年初）：从 1991 年第七届全国冬运会列为表演项目至 1995 年第八届全国冬运会列为正式冬运会比赛项目，历经近 4 年时间，是奠定基础、营建阵势阶段。

（3）拼阶段（1995 年初—1998 年初）：从 1995 年第八届冬运会结束，中间经过三届亚冬会，至 1998 年 2 月第十八届冬季奥运会获得银牌。这个阶段实现了冲出亚洲，走向世界，进而树立起在冬季奥运会夺牌的目标，冬季奥运会从筹备至参赛并夺得宝贵的银牌，是悲壮的 3 年拼搏时期。为自由式滑雪在中国稳定发展，奠定了基础。

（4）困难与调整阶段（1998 年初—2002 年初）：1998 年第十八届冬季奥运会结束至 2002 年第十九届冬季奥运会，历经 4 年多的时间。由于伤病、运动员"换防"、训练、体制等原因，

该阶段处于困难与调整状态。

（5）科学提高与升华阶段（2002年初—2010年初）：总结与正视2002年第十九届冬季奥运会结束及其随后的一段时期的不利形势，借鉴以往的正反经验，进行体制改革，请进外教，坚持科学训练等举措，场地、装备得到基本保障，运动成绩得以提高，队伍趋于成熟，并形成团队实力。中国队所获得的成绩，特别是第二十届冬季奥运会中韩晓鹏获金牌与李妮娜获得银牌，对中国的滑雪运动在国际上树立中国滑雪的形象起到重大推动作用。第二十一届冬季奥运会中，我国运动员又获1枚银牌、2枚铜牌共3枚奖牌，8人参赛7人进决赛，并全部进入前8名，整体实力明显提高，捍卫了空中技巧在世界上的强国地位。

二、我国自由式滑雪空中技巧项目引进与最初开发阶段的回顾

（一）应时地引进与艰难地开发

落后的中国滑雪运动，如何能突破，这是滑雪界人士长期苦思冥想的课题，曾设想从回转项目——越野滑雪女子短距离项目——跳台滑雪或冬季两项打开一条通道，但是都因不可逾越的客观"雷池"而无法实现。

当新兴起的自由式滑雪运动迅速在欧、美、日等地发展起来之时，中国滑雪界的一些人以敏锐的洞察力瞄准了空中技巧这个项目，根据这个项目灵敏、技巧性强的特点：可"借用"我国其他项目（如体操技巧）技术、人力、经验的资源雄厚；自由式滑雪空中技巧项目场地面积小，易于修建与管理；自由式滑雪空中技巧项目尚处于发育阶段，我们易于跟上甚至超越其发展的速度；自由式滑雪空中技巧项目是"高危"项目，一系列问题可在我国"举国支持"下得以解决。综合评估、论证，最大限度

组合了我国当时的有利条件，果断引进，迅速迈开蹒跚的步子。

国家体委非常重视吉林省体科所编写的《自由式滑雪运动的简介与展望》《从日本自由式滑雪运动的发展看我国冬季奥运会滑雪项目的战略》2 篇介绍性、论证性文章，作为引进与最初开展本项目的理论依据。于 1996 年底派出银刚、黄万龙两位教练去日本系统学习，借以培养人才。在最初发展阶段，促使相关领域的工作齐头并进，制定了急用的试行规则；翻译了日本自由式滑雪教程，派队伍到日本考察场地建设，请日本专家来华讲学，举办裁判员培训班，培养国际裁判；及时将空中技巧项目纳入全国竞赛，在竞赛办法上采取了特殊的多轮次方式；规定动作与自选动作并举实施；场地修建、器材配备、组织集训等项工作也在同步推进等诸多工作都是在短短几年内完成的。

（二）黑龙江松花江滑雪队率先建队，建立了历史性功勋

黑龙江松花江滑雪队在黑龙江省体育局指导及资助下，率先于 1989 年 5 月建立了中国第一支正规的自由式滑雪空中技巧实体队伍，（之前曾在黑龙江省体工二队试建）最初 5 名运动员是从体操界选招的，教练员张永和是从高山滑雪项目转来的，队长赵广泰是高山滑雪国家级裁判员，全队没有一位空中技巧项目的专业人员，全队上下会同运动员家长以创业者的精神，结合实际情况，在训练场地、训练方式等方面进行尝试、探索、总结，条件十分艰苦。建队不久便到日本进行水池跳水训练，学习专业知识及技能。黑龙江松花江队为中国自由式滑雪运动建立了历史性功勋。

（三）中国前卫体育协会滑雪队组建第二支实体队伍

中国前卫体育协会滑雪队于 1989—1990 年初建立起空中技巧队，聘任去日本学习该项目的银刚担任教练，运动员 4 人。其中的季晓鸥没有从事过体操、技巧运动的经历，技术动作从零学起，但是滑雪功底很强，着陆成功率高。在第十八届冬季奥运会

之前创造了该项目女子 200.21 分的世界纪录，获得世界杯冠军。

（四）沈阳体育学院做出了多领域的突出贡献

沈阳体育学院于 1991 年初组建我国第三支自由式滑雪空中技巧实体队伍，教练员侯永民，后由陈洪彬接任，运动员都来自体操技巧项目，沈阳体育学院还于 1995 年组成了队伍，滑雪项目出身的杨尔琦、技巧项目出身的任海英出任教练，2000 年冬又组建了队伍，由吴志海出任教练。沈阳体育学院分别于 1993 年、1995 年上半年与长春市、牡丹江市签订联办队伍协议，近年又与解放军合作联办，将培训空中技巧项目的优势拓伸到黑、吉两省与部队，为该项目在中国的开展，主动承担起培养人才的重担。1993 年沈阳体育学院在其游泳池搭建了我国第一座空中技巧项目夏季跳水训练的跳水台，并积极广泛筹积资金（包括个人集资）修建了标准水池跳水台，于 1996 年 9 月投入使用，并于 1999 年立碑纪念。从该项目落户于沈阳体育学院之日起，便得到学院及附属竞技体校各届领导的重视，先期的韦迪、王揖涛、郭亦农及后期的院校领导均给予了切实支持，甚至亲自参加训练，竞赛中的观摩指导、总结以及场地的修建。沈阳体育学院于 2003 年又修建了冬季滑雪场地。沈阳体育学院十几年来逐渐成为我国自由式滑雪空中技巧项目训练、教学、科研相结合的营地，为解决专业运动员的教育、学历、出路，为体育院校如何办竞技运动队，为将体操、技巧、科研、滑雪融入一体的训练机制，促进空中技巧项目快速、稳妥发展积累了经验，做出了多领域突出的贡献。我国该项目的众多世界杯、世锦赛冠军，冬季奥运会奖章获得者几乎都是在沈阳体育学院培养出来的，特别是第二十届冬季奥运会男子冠军韩晓鹏的闪光金牌，为沈阳体育学院又增光彩。

（五）长春、牡丹江、部队相继通过联办队伍为该项目的发展增添力量

长春市、牡丹江市、解放军先后与沈阳体育学院联办队伍，是一种互惠的、集约型培养人才的模式。既为项目的发展做出贡献，又为培养自己的队伍找到了一条捷径，而沈阳体育学院本身既能将自身培养人才的优势发挥出来，为国家多做贡献，又可获得资金方面的补充。

三、艰难迎战第十八届冬季奥运会的冲拼阶段

1994 年第十七届冬季奥运会将自由式滑雪空中技巧项目列为正式比赛项目，我国运动员尹红、季晓鸥获得了参赛资格，在预赛中获得第 17 名、第 18 名，没有进入决赛。此后，经过全国滑雪界的艰苦卓绝的努力，成绩有了飞速的提高，结合项目特点和我国的实际情况，应时地制定了参加第十八届冬季奥运会的战略方针，确定"出其不意""以难制胜"的训练和竞赛方案，在有利于我们的时机中夺取奥运会的奖牌。艰难地迎战第十八届冬季奥运会的冲拼阶段是由三步完成的。

（一）第一步目标亚冬会取胜，锤炼队伍

中国自由式滑雪经过几年的开发与发展，经过国内冬运会的锤炼，积蓄了一定的实力。第三届亚冬会是在国内举办，取得好成绩的各种条件对中国有利，比如场地、训练安排、竞赛组织、技术趋势、裁判队伍的培养、参赛艰苦条件的适应、争取国际盟友等。当时各项工作都处于良好状态，激励了队伍取胜的信心。结果一鸣惊人，女子包揽前 4 名，男子取得第 1 名、第 2 名、第 4 名的好成绩，振奋和鼓舞了滑雪界，使他们终于见到了滑雪的曙光和希望。这届亚冬会中，中国运动员的动作质量及落地成功率都处于领先地位，中国队已在亚洲称雄。

研究亚洲国家，特别是日本和乌兹别克斯坦在这个项目上的起伏跌落的经历之后，中国滑雪界萌发了在世界杯甚至在冬季奥运会上取胜的梦想。

（二）第二步目标参加世界杯赛，成绩节节攀升，积蓄了实力

第三届亚冬会后，冬季运动管理中心强化了对该项目集训队的管理，将滑雪处与空中技巧队伍的管理工作融为一体，使"处""队"合一，处长兼任领队，全处全力以赴为集训队排忧解难，工作按既定方针顺利进行。积极争取较多的机会与资金参加世界性比赛，锤炼队伍。队内研究、总结的风气增浓，充分发挥了"举国支持"，发挥体操、技巧素质强的优势，集中多种积极因素的协力配合，在 2 年的时间中，中国队在世界杯比赛中女运动员 3 人先后获银牌 2 枚、金牌 2 枚，并以高昂的士气打乱了各国强手的阵脚，使之产生迷惑、畏惧的心理。这为我们冲击奥运会奖牌创造了战略条件，打开了一条通路。

（三）第三步目标实现冬季奥运会夺取银牌，完成了历史使命

当中国自由式滑雪女队在亚洲称雄，并获得世界杯 2 金 2 银的成绩之后，更增强了在冬季奥运会上再有所为的信心，但是在冬季奥运会上夺牌谈何容易，我们知道自己还处于落后一截的状态，但是辩证法启发我们，反正是落后，倒不如去拼一拼，为该项目在中国的发展，为推动中国滑雪的开展，争取时间，争取机会。在 1997 年初和 1997 年中先后召开的"滑雪协会换届会议"及"参加第十八届冬季奥运会研讨会"中，讨论的实质就是中国自由式滑雪空中技巧项目，能不能在冬季奥运会中争取胜利和怎样才能争取胜利的问题。经过研讨，大家破除了迷信，解放思想，看到了我们的优势，看到了我们的机遇，经过认真的"敌我"分析，对中国自由式滑雪空中技巧队将以"以难制胜""宁可玉碎，不求瓦全"的战略方针参赛达成共识，得到各方面的鼓励和支持。

"以难制胜"是抓住了当时该项目的实质及复杂的形势分析下提出来的，面对敌强我弱的局面，自由式滑雪要在冬季奥运会上有所作为，必然有两种结果。在这一点上，队伍和滑雪处的态度是坚定的，抛开个人及局部"得"与"失"的顾忌，根据该项目的特点，认真、客观汇总了上届冬季奥运会、第三届亚冬会、世界杯等几大赛事，以及世界名选手的状况及成绩轨迹，结合当时我们的训练条件，我们的管理人员、教练员、运动员的实际情况，认为只能走一条非常规、有险情的"以难制胜"之路。其结果证明，"以难制胜"提高了我们的实力，打乱了多年世界力量的格局，冲破了强国选手"联盟"固守其惯用动作的阵线，为我们摘取奖牌创造了机会和可能性。虽然郭丹丹、季晓鸥因受伤，决赛的 7.30 难度动作没有得到运用，但她们以高难度动作参加本年度世界杯赛及冬季奥运会预赛，为徐囡囡以 6.70 的难度取得亚军扫清了道路。世界名手纷纷在预赛中乱了阵脚，被挤出决赛圈外，经过预赛，6 个国家的运动员被整体淘汰，竞争对手减员，也只剩下美国和加拿大各一名运动员。我们"以难制胜"的战略，在整个进军冬季奥运会的过程中发挥了特殊的"黑马"作用。已经杀进决赛的郭丹丹与季晓欧如果不是在决赛中受伤，中国队夺牌的形势会更加令人鼓舞。

在这场特殊的体育"战场"上，中国队的每个人，特别是徐囡囡、郭丹丹、季晓鸥，为了祖国的荣誉，为了事业的需要，付出了非凡人的代价，共同完成了第十八届冬季奥运会夺取奖牌的光荣使命，我们应该永远记住她们！

（四）本周期的训练及技术方面所存在的问题和应吸取的教训

中国队参加第十八届冬季奥运会总结中指出下列不足与教

训：承受大赛的压力及参赛经验不足。落地成功率偏低，主要由于空中动作没有达到娴熟的程度；着陆的概念、意识不强，忽视着陆有其独特的环节与要领；心理因素：如何克服恐惧心理尚无很好的途径；习惯方面的因素，从夏季跳水的落水向冬季的着雪过渡不力。综合适应能力弱。国内冬训条件得不到保证，受大陆性气候影响，场地又不规范，没有专门的维护人员，给冬训带来严重困难。中国队滑雪的功底不足，应尽快"补课"。没有一支稳定的队伍，难以实施系统、高标准的训练，应建立有竞争性的国家常年集训队，便于集中优秀运动员攻关。夏季训练是上难度的黄金季节，其要求的条件除跳水外，还应结合弹网、体操等训练。将沈阳体育学院建成"场、队、校"合一的夏训中心，充分挖掘其各方面丰富的资源是现实的。

四、第十九届冬季奥运会备战周期是困难与调整阶段

第十八届冬季奥运会周期是个冲拼的阶段，虽然实现了夺牌的目标，但也付出了相当的代价，郭丹丹、季晓欧两位"老将"因有重伤退役，徐囡囡 1 人撑着队伍的带帮，年轻选手尚未成熟，处于"青黄不接"的"换防"状况，人员衔接不力。第十八届冬季奥运会的正反经验没有引起教练们的深入研究，对项目的认识，也缺乏科学性，中国教练员的综合能力已显现出其局限性。加之运动员外伤较多，影响了系统训练，限制了动作的完善与难度的提升。特别是 2001 年 7 月苑赢受重伤对全队运动员的心理造成了极大的负面影响，士气低落，整体处于不稳定的低落状态。

中国自由式滑雪空中技巧队共 12 人参加了第十九届冬季奥运会，领队丁振平，教练陈洪彬、杨尔琦，男运动员欧晓涛、邱森、韩晓鹏；女运动员徐囡囡、李妮娜、郭心心、王姣。这届冬季奥运会，中国队已不具备难度优势。中国队的成绩基本反

映了当时的实力水平。男子3人两跳均未成功，最好名次预赛第18名，与决赛无缘；女4人中徐囡囡、李妮娜2人进入决赛，最后徐囡囡获预赛第12名，决赛第12名，小将李妮娜发挥出色，分别获预赛、决赛的第4名、第5名，从此步入世界优秀运动员的行列中。澳大利亚女将在决赛中2跳成功获得冠军。

五、第二十届冬季奥运会周期是提高与升华阶段

（一）基本情况

第十九届冬季奥运会后，自由式滑雪空中技巧项目处于各种意见相交叉的状态，认真、全面、客观总结前两届冬季奥运会是摆在领导、队伍面前的现实课题。

自由式滑雪空中技巧项目有极不稳定的因素，其中包括取胜的悬念大，一切都在变幻之中，实力水平很难平衡地转化为成绩名次。第十九届冬季奥运会后，冬运中心领导组织了深入的大总结，从总结中梳理出正反经验，为该项目的发展，为迎接第二十届冬季奥运会提供依据。

备战第二十届冬季奥运会最初2年，各项工作处于更替与承前启后的状态。因为没有正式国家队，队伍与人员的组合受到多方面制约：教练队伍仍处于各自独立操练；运动员老伤没得到根本康复，新伤害接连发生，徐囡囡、欧晓涛、刘丽丽、王姣等因重伤而进行手术治疗，正常的训练得不到保证。

但是中国自由式滑雪空中技巧队伍，终究经过10余年的风风雨雨，逐渐成熟起来。10余年来承受了国内4届冬运会，国外3届冬季奥运会以及亚冬会、世界锦标赛、世界杯赛的锤炼，积累了多方面的实际经验。国内的基础设施、训练的基本理论、技术动作的质量与难度也在不断提高、完善，为该项目的快速发展积蓄了力量，创造了条件。在备战第二十届冬季奥运会周期过

程中，一方面队伍的实力在壮大，另一方面项目的开展面得以扩大，发展的总体形势是良好的、扎实的，处在一个成熟、升华的状态，而且逐年得以显现。

（二）第二十届冬季奥运会周期的基本经验

1. 建立强而有力的一元化领导体制

成立了队委会领导的管理体制，辅助以外教为主的训练体制，国家体育总局冬季运动管理中心主任王揖涛任主任，沈阳体育学院领导等任副主任，冬运中心滑雪二部副部长闫晓娟任专职领队，沈阳体育学校附属体育学校副校长为副领队，以外教为主教练，并设立场地专门主管人，增设队医及科研心理学人员。运动员队伍实施1年一调整的动态管理。经过这种体制的强化，提高了工作的权威性及工作效率。

2. 有针对性聘请国外教练员

为了提高训练效果，充实先进理念，培训中国教练员，在备战第二十届冬季奥运会中专门请了一名身体技能教练员和一名技术训练教练员。他们带来的新信息、新理念、新的训练方法是对中国队训练工作的推动与升华，这已经得到了实践证实。

3. 积极进行防伤害及康复工作

该项目由于自身的特点，运动员伤害的发生率很高，如果优秀运动员受重伤，将是毁灭性损失。由于队内极为重视科学、安全训练工作，建立责任制，特别是在最后2年中，杜绝了重伤发生。李妮娜在2006年1月只是腰部旧伤复发。妥善解决了受重伤致残的苑赢的工作。这一问题的解决，消除了多方面的后遗问题，也使在队的运动员及其家属消除了顾虑。面对多名运动员受伤，严重影响训练的局面，进行了艰苦的康复工作，对受伤术后的徐囡囡、欧晓涛、王娇进行全力的康复，效果明显，不只是使他们重新返回赛场，重新夺取世界杯奖牌，而且参加了冬季奥运会。

4. 改善训练条件，增强训练效益

本周期的冬训场地增加多处，使冬训有充分的选择余地，2002 年完工的阿尔山场地，让我们运动员冬训时间延长比国外运动员冬训时间多 2~3 周。

（1）夏季水池跳水训练，除在国内沈阳体育学院进行外，还到美国有滑雪氛围、合乎标准的跳水场地训练，并从训练中学习和借鉴国外先进的经验，了解国外运动员的训练状态，受益很大。

（2）周期的训练工作较以往有很大的突破，技术训练中强调精确把握助滑速度；空中要"紧起跳，快开始，早结束，看目标"；落地要"打臂"；训练中实施"练三天调一天"，注重节奏，以精练为主，以"质"为主，不罔追求数量；训练中注重体能训练，力量、小肌肉群与拉伸的训练贯穿全过程，这对提高技术稳定性，防止外伤有十分重要的作用。

（3）在训练的组织中注重区别对待，训练环境轻松，运动员可按计划自我掌握训练，调动了运动员的自我积极性。

（4）技术关键问题必须集中解决，如在 2005 年夏训开始，为了解决韩晓鹏起跳技术的"出胸反弓"缺点，在 1 个半月之内限制他不跳难度动作，大胆采取了站立举臂式出台方式，遏制其技术错误，收到事半功倍的效果。

5. 增加参赛机会，增强实战能力

这一个周期，是中国运动员参加世界比赛机会最多的，并在国内举办了 6 站世界杯赛，队内要求有目的地参赛，不管成绩好坏，都在心中把比赛与冬季奥运会挂钩，每次比赛都要"程序化"，养成习惯，每个环节都不可忽视，并且赛后每人都做"竞赛日记"，借以督促运动员认真总结每一次比赛。平常的训练中也处处体现出"奥运意识"。

6. 训练器材装备质量得到提高

运动员跳水板以往用二手旧板，经常折损，甚至一天换几副，严重制约对技术的系统性体验，影响训练效果，本周期后段创造条件，改用新板跳水，一个夏季只用 1~2 副板，保证了运动员的安全，保证了训练质量。跳水服也换上防水保暖式。冬天用的雪鞋改为直腰式，并配以平衡鞋垫，增强了舒适性，增强了稳度。

7. 科研保证与心理训练起到重要作用

空中技巧项目技术构成复杂，细微的技术环节和细小的身体动作都可能导致整个动作质量的改变甚至失败。

（1）本周期的训练中，将多项科研手段应用于训练比赛中，如利用 SIMI 快建图像反馈系统设备跟踪、监控训练过程。利用生理、生化指标的检测，监控运动员的疲劳程度和身体机能水平。科研人员每天跟队拍摄技术动作，当天处理、分析和反馈，每晚提供给教练员、运动员观看、研讨；建立赛场气象条件对助滑的影响研究，完成了各种温度、压力、速度条件下雪面的摩擦系统实验；加强信息情报收集与分析，提供对手状态与国际评分趋势分析，为我国运动员设计参赛方案提供依据。

（2）重视心理训练是保证比赛成功的关键。有人统计，在比赛中能否发挥最佳水平而取胜心理控制起到 80% 的作用，本届冬季奥运会心理训练得以很好地提出。心理研究工作者，从遥控指导到实际跟队都做了很多有效的工作，使全队建立起"我能赢"的必胜信念，"我能赢"这一口号天天要在心中呐喊，表现出战胜困难的自信。

（三）第二十届冬季奥运会周期所存在的问题

1. 对女队难度储备的认识问题

尽管中国运动员获得了最好的成绩，但比赛结果也警示着我们必须高度重视动作难度的提高，否则就缺乏获胜的最大可能性。在备战的最后一个年度才开始在水池攻克难度，时间已偏晚，使女队的难度储备不够。

2. 中外教练员配合方面的问题

应当承认中方教练员在历史上做了大量的工作，从引进项目到推广、发展、提高，吃苦耐劳，付出了无数的辛勤汗水。但备战冬季奥运会单靠这种奉献精神是不够的，冬季奥运会的竞争是综合素质能力的竞争，需要我们借助一切可利用的外力并转化成为我们自己的内力，在原有基础上拔高、升华，最终实现突破。由于认识、感情、文化差异等方面的因素，中外教练合作过程中存在一些问题，错过了互相虚心学习的好机会，中方和外方教练员的个人作用没有形成合力，没有最大化发挥出来。

3. 项目的进一步发展和提高所面临的问题

应调动更多单位参与，制约中国自由式滑雪进一步发展的因素还较多，需要从不同角度去解决，如大幅度提升训练的保障条件，要扩大二线、三线"后备军"，建议将该项目列入全运会比赛项目，充分挖掘南方省市的潜在优势。

（四）第二十届冬季奥运会周期的辉煌成绩是几代人拼搏的结果

经过第二十届冬季奥运会惊心动魄的比赛之后，在对第二十届冬季奥运会这个周期进行回顾时，可以肯定中国参加第二十届冬季奥运会的4名男运动员，6名女运动员（其中2人为大会试滑员）的技术、体能、心理、战术均有明显提高，这种提高，来自平时科学的训练与心境的升华，来源于滑雪界几代人前赴后继拼搏的积淀，是他们构成了中国队的强大后盾。中国自由式空中技巧参加第二十届冬季奥运会的这支队伍是一个成熟的坚强团队，在本周期内，圆满而超额地完成了训练和比赛任务。在世界三大赛中共获金牌21枚、银牌19枚、铜牌15枚。世界锦标赛上实现了女子金牌零的突破。在世界杯总排名中获女子第一位、第三位及男子第三位，中国排名也名列第3位的多项历史最好成绩。连续3年获国际雪联评选的年度新人奖。

在本届冬季奥运会参赛的10名队员中，有8人获得过世界冠军。在第二十届冬季奥运会本周期总决战中，4名参赛女队员全部打入决赛，占据了决赛选手的1/3份额，男队两人也冲破重围进入决赛，最终韩晓鹏获男子冠军，实现冬季奥运会雪上项目和我国冬季项目男子金牌零的突破，李妮娜获女子亚军，男、女并肩披金戴银登上冬季奥运会的奖台。

六、第二十一届冬季奥运会周期科学训练与整体提高阶段

第二十一届温哥华冬季奥运会是中国重返奥林匹克大家庭之后参加的第九届冬季奥运会。本届冬季奥运会自由式滑雪空中技巧队互相鼓励，坚定信念，从容果敢，每跳必搏，勇于挑战难度、挑战自我，最终获得1银2铜、8人参赛7人进入决赛，表现出了中国在这一项目上的整体实力。2009/2010赛季我国女子世界排名包揽前三名，男子名列二、三、六、七名，实现了历史最好成绩，男女运动员的整体实力有了全面提升。

空中技巧在第二十一届冬季奥运会备战工作整个过程中，高度重视对项目特点和训练参赛规律的研究与再认识，科学训练理念明显提升，科学训练的方法和手段不断创新。空中技巧项目在深入认识和把握项目规律，提高训练水平方面有了长足的进步。刘鹏局长在温哥华冬季奥运会总结表彰大会上指出了："自由式滑雪空中技巧队加强了专项体能训练，探索出符合项目特点的体能与专项训练方法手段，较好地处理了增加难度动作水平和防止伤病的关系"。

（一）第二十届冬季奥运会周期的基本经验 [6]

1. 训练科技含量加大了投入的力度

（1）在专项训练中实时进行录像监控，配合课题组，利用国家队配备的摄像机、计算机、投影仪、视频软件分析系统，及时观看、分析、反馈运动技术动作，并做成个人文件夹存入运动员的计算机中，运动员能经常对技术动作进行回顾和分析，收到较好的效果。

（2）聘请曾在国家乒乓球队工作多年的专家进队为运动员进行大脑生物电监测与分析，为教练员掌握运动员神经类型和心理疲劳水平提供了直观的数据，从而更加科学地安排训练。

（3）在每个体能训练阶段之前，在北京体育大学进行了肌力、体脂测试，细致地分析了每名运动员的身体状况，使专项身体训练和专项力量训练根据运动员的个体差异更具有针对性。

（4）生物力学课题组进行了运动员落地时足底压力测试，探索提高运动员落地成功率的方法。

本赛季结束后，我们组织了心理学、生物力学、体能、大脑生物电等各方面的专家召开了科研会诊会，针对我队目前存在的亟待解决的问题进行会诊。

2. 聘请了体能教练

3 年来，在体能教练和技术教练的共同合作下，紧紧围绕着针对自由式滑雪空中技巧项目的技术特点和比赛规则，结合运动员的个体特征，在提高基础体能的同时，加强功能性体能的训练，不断改善和提高专项所需要的体能而进行。在专项体能训练过程中，重点围绕起跳的用力特征，空中转体能力及转体

---

[6] 纪冬，董明杰．预防自由式滑雪空中技巧运动损伤的专门性练习 [J]. 冰雪运动，2005（5）：19-33.

时对身体控制、平衡、稳定及定向的能力，落地时的缓冲能力
（离心收缩的工作能力）及落地稳定性的改善展开了训练。同时
加强了对运动员身体的协调性、灵敏性、快速反应能力、神经
系统高度集中能力的训练。并对易伤关节（腰、膝、踝）进行
了有效的养护与加固，加强了康复性训练和主动预防损伤的体
能训练，保证重点运动员有足够的能量储备和专项所需的神经
肌肉系统功能，为完成竞赛任务发挥了有力的支撑和保障作用。

3. 聘请了心理专家进行辅导

在备战 2010 年冬季奥运会的心理训练具体目标有两个：一
是提高运动员自信、自控的程度，以提高关键动作的稳定性；
二是帮助运动员解决拿得起、放得下的问题，以平常心态做好自
己的参赛定位。短期目标是帮助掌握学习和心理调节技能，以良
好的心态投入训练和比赛，克服困难，在大赛中取得优异成绩。
长期目标是培养运动员积极的人生态度和良好的行为习惯。

我们在心理训练和学习过程中，多次举办了演讲比赛，并对
备战温哥华冬季奥运会做展望。在备战过程中，心理专家长时间
跟队，有针对性地进行心理训练和辅导。每天训练都和运动员在
一起，了解运动员的心理变化，根据个体差异提供不同的心理辅
导方案。

在北京体育大学的集训中，心理专家为每名运动员和教练员
聘请了教师来辅导我们的文化知识和提高外语水平。通过正规的
心理训练和业余时间的文化学习，运动员掌握知识的同时，在理
解能力、认识能力、训练动机、信心建立、克服困难等方面有了
显著的提高。

4. 聘请外籍教练员

随着温哥华冬季奥运会即将开幕，在中心领导支持下，国家
队又和加拿大籍教练员达斯汀合作（上届冬季奥运会也是我们

的技术教练）。聘请外籍教练员的目的主要是弥补我国教练员的不足，帮助我们解决一些重点问题，例如训练节奏的控制、对难度动作的掌握、提高动作成功率、临场指挥、与国际组织的沟通与协调、训练理念与方法的更新、提高运动员自信心等。我们在训练中及时总结、调整工作方法和思路，与外教实现了较好的磨合，使中方和外方的教练员形成一个互补式的合作模式，教练组、运动员围绕着同一目标，在瞬息万变的赛场上，较好地完成了参赛任务。

5. 采取了"一上两下"的新指挥模式

上届冬季奥运会上，教练组采取了"一上一下"的指挥模式，收到了很好的效果。针对温哥华比赛场地的特殊气候条件和届时我队将要承担的修理一个三周跳台的任务，从本赛季的后半程开始采用了"一上两下"的指挥模式，即一名教练员在出发区专门负责运动员速度的记录，同时观察和记录对手的速度变化；两名教练员在下方分别负责起跳和空中动作，并保证我队所修建跳台的完好无损。

经过一段时间的摸索，做到了指挥更加细化，准确掌握运动员的技术细节。目前3名教练员的沟通和配合更加顺畅和默契。这种指挥模式也得到了运动员的认可。

6. 多名运动员在比赛中尝试了难新动作和不同的比赛方案

为解决难度不足问题，本赛季，李妮娜重点练习了难度系数3.90的DFDF，在冬季训练和比赛中共练习了22次，并在比赛中成功应用。由于增加了一个新储备的难度动作，给我们在比赛方案的制订上提出了新课题。根据赛制特点，赛前训练时间有限，我们有计划地模拟了不同的参赛动作方案。在世界大学生运动会上，在赛前没有练习FDF的情况下，在比赛中成功使用，为下一步制订多个参赛方案和预案提供了参考依据。具体收获是在世锦赛决赛前的训练中准备了DFDF难度技术，但在决赛的第二轮，根据场上对手发挥的情况，及时调整战术，使用FDF难度技术参加第二轮的比赛，提高了稳定系数，也增强了李妮娜对两套动作方案的信心。这样，为我们奥运会参赛提供了难度储备，增加了取得好成绩的可能性。

徐梦桃的7.30动作组合也是第一个赛季使用。3名男队员的4.425第一个赛季使用，齐广璞在2009年日本的世锦赛上获得了130.09单跳高分。该动作满分是132.75。

7. 加强了团队之间的协作与配合

体育竞赛是一个复杂的系统工程，是一人之力难以完成的，需要团队协作、齐心协力、默契配合。细致的计划、完善的教练团队配备、有力的后勤保障依然是我们取得成功的关键。团队之间的良好协作能增加运动员对团队的支持度和信任度，例如在日本的世界锦标赛的赛前训练时，遇到了15～30km/s的大风，在其他参赛队都放弃训练的时候，教练团队通过认真分析，认为这是一次历练运动员在恶劣天气中意志品质、拼搏精神的极好时机，这不但是对运动员的锻炼，更是对教练员的考验。运动员充分信任教练员的指挥，每个人都练习了比赛的难度动作。通过这种方式我们告诉对手，中国队可以克服各种困难，是一支能打硬仗的队伍。

8. 组织开展了革命传统教育和爱国主义教育活动

在本年度国家队成立之初，国家队赴沈阳武警学院进行为期1周的军营生活。完全军事化的管理和训练，锻炼了吃苦耐劳、顽强拼搏的精神。随后我们又组织队伍去山西进行了扶贫活动和爱国主义教育。经过多种形式的接受教育，国家队成员普遍在思想上受到了再教育，认识到当前条件来之不易，增强了备战冬季奥运会的决心，激励了全队人员备战的积极性、主动性和创造性，使国家队形成了一种顽强拼搏、为国争光的备战氛围。在全年的训练中，及时了解运动员的思想动态，发挥党员、团员的先锋模范作用，强调个人的责任感和使命感，树立团队利益高于一切的团队精神，不计较个人得失的奉献精神，使中国自由式滑雪队真正成为一支有生命力、有亲和力、有战斗力的队伍。

9. 加强了运动员伤病康复工作

徐梦桃膝关节在 2007 年 12 月 11 日受伤后，从 2008 年 8 月 11 日进入专项跳水训练至 2009 年 3 月 5 日参加世锦赛，仅用了 13 个月的时间就完成了从手术、治疗、恢复到夺得世界杯冠军、世界杯总排名第四和世界锦标赛亚军。这不能不说是一个奇迹，创下了自由式滑雪队该类损伤恢复最快的纪录，其结果应得益于中心领导的重视，批准其赴香港 2 周、到国家体育总局康复中心 7 周进行康复，得益于治疗的及时、科学的康复和细致的计划。通过徐梦桃的康复例子，减轻了整个团队对外伤的担忧和惧怕，也积累了如何预防外伤和外伤康复的经验。

10. 训练的改革与创新

（1）蹦床上蹦极的应用：借鉴跳水网上保护带的训练手段，我们在国外观察了有关信息，结合专项特点，我们在蹦床上利用蹦极带作为辅助训练手段，其作为改进基本技术、练习新动作起到了安全作用、并填补了春秋两季非专项训练期的最佳专项训练辅助手段。在此基础上，我们使用了以往跳水队徐益明教练发明的看地练习法，利用数字或醒目的标志物，在运动员做空中动作时，不断变换，练习空中本体感觉，并有效的解决了三周女运动员着陆前的准备技术，为冬季雪上训练打下良好的基础。

（2）器材改进：每年的夏季跳水训练，教练员最烦心的是运动员长期形成的身体各部位的劳损，穿着雪板从高达十几米的高度落在水里，对腰、膝、踝有巨大的冲击力。长期以来，伤病使老队员很难地进行训练。对此我们借鉴了一些经验，在加拿大训练期间，我们买了工具，给雪板前后分别锯个 40cm 长，长椭圆形的洞，经过实践检验，很大程度上缓解了落水冲击力，减少了对主要关节的伤害，保证了系统训练。

（3）身体训练方法、手段的创新：在瑞士球上进行提拉上翻、挺举下蹲、球与球之间连续跳等高难身体训练，是我们以前不敢想的。本身站在瑞士球上就有一定的危险，更何况在上面练习。但项目是向前发展的，规律是不断变化的，我们总结了着陆特点，特别制定了这项训练内容，现在我们的女队也能在上面轻松的做各种动作，不仅锻炼了大关节的稳定性，还包括小关节、小肌肉群平衡能力。

（4）打支持带：支持带的普遍运用使运动员的外伤有了很大的缓解，特别是针对踝关节和膝关节的作用更是明显。项目的特点决定了我队的踝、膝小损伤较多，特别是老队员在训练前每天都要使用支持带固定来预防疼痛的加剧。

（5）训练节奏的有效控制：以往我们的训练 1 周为训练 1 个小周期，外教给我们带了 3 天为 1 个训练周期的训练模式，实施了几年，从目前的效果看，是符合我们项目、赛制的特点的。我们又在此基础上不断地总结，把世界杯训练模式、奥运会比赛模式加入到训练小周期中来，做到了科学地从"实战出发的"训练原则。

（6）梯队的良性建设、奠定了项目的"可持续发展"：在备战冬季奥运会的过程中，中心领导、部领导在青年队的发展上也下了极大的工夫。分别在秦皇岛、北京体育大学、阿尔山组织了国家青年队的集训。不仅发掘了一批优秀的苗子，也看到了项目今后的发展是光明的。

（二）二十一届冬季奥运会周期完成目标任务过程中存在的主要问题及解决方案[7]

1. 如何把水上的训练成果成功移植到雪上

我们女队的难度储备，除了李妮娜的 7.425、郭心心的 7.85 动作组合，其他人的难度储备还没有经过雪上训练和比赛的磨练。我队计划充分利用早期阿尔山的雪上训练，利用造雪和压雪设备，力争在 11 月初开始雪上训练，这样可以使早期上雪训练增加 5～8 天的时间，达到 30 天左右。我们将会根据个体差异制订详细的个人计划，考虑伤病、生理等个人特殊情况，避免影响训练。主教练和技术教练要主动与队医和身体教练一起制订包括营养、体能、治疗和防伤计划，保证主力运动员的训练系统。在"举国体制"的保障下，我们相信我们能够在早期阿尔山的训练中成功过渡。

2. 如何提高三周重点女队员的着陆成功率

过去我们一直存在的女子三周着陆成功率低的问题，主观上是我们对女子完成三周动作的规律性认识不足，如看地、着陆自动、节奏等。客观上三周动作在雪上需要至少 3 年以上训练的积累，才能具备一定的经验，能在比赛中克服天气变化、雪质变化等客观因素的影响。

2008/2009 赛季我们 4 名三周女运动员的比赛着陆成功率仅为 53.9%，2009/2010 赛季我们要把总体成功率提高到 66%，对于重点运动员郭心心、徐梦桃需要 75% 以上的着陆成功率。对于提高女子三周着陆成功率解决办法：

（1）技术：利用 8 天的雪上基本技术训练，把水上训练成功

[7] 甄梦晨，王飞，姜昂，等. 冬季奥运会场馆赛后利用经验与启示——以温哥华、索契、平昌冬季奥运会为例 [J]. 体育文化导刊，2022（02）：14-21.

转移到雪上，应用蹦极训练看地技术，必须要多使用手臂上伸的转体技术，能够有效控制翻转半径，并达到提前准备着陆的身体姿态。

（2）辅助手段：在室外低于20℃的环境下做录像采集工作是很困难的一件事，设备本身就难以抵抗严寒。但今年冬季我们决定在室外进行录像监控，运动员跳完一跳后，可以马上看回放，及时对女子三周运动员进行技术反馈。身体训练方面加强专项特点，结合专项，体现着陆技术的训练重点，如平衡球上的不稳定训练手段等。通过心理专家的帮助，克服恐惧心理，建立强烈的自信心和有勇于挑战的态度。

（3）保障环节：场地的保证是至关重要的，在跳台定性上，我们要利用可以在奥运会上修理一个三周台的有利条件，早期为我们的运动员提供有力的跳台角度。在医疗保障上，我们配备了非常全面护具，保证我们的队医在训练中始终为运动员进行服务。

3.如何确保冬季奥运会比赛过程中跳台和场地的保障

奥运会场地我们有过两次参赛经验。因雪质的原因，保持跳台定型很困难。在训练和比赛过程中，需要使用盐、水，盐的种类分多种，什么时间用？用哪种？需要教练员对雪质的深刻了解和丰富的经验。目前我们教练在这方面的经验不足。

所以要保证场地、跳台对我们有利，或不造成影响，我们做到以下两点：

（1）教练员要收集更多的关于雪质变化的信息、并制定详细的工作流程（其中跳台定型者要提前运动员至少2小时上山为跳台定型，在训练或比赛中，身边随时要有水壶、盐、一桶备用雪）。

（2）在早期的世界杯比赛中，锻炼我们的运动员要适应各种跳台和雪质。

4. 如何克服温哥华雪质、天气的不利影响

即使我们有完善的参赛计划、细致的准备工作，但我们依然会受到风、雨、雾、雪等坏天气的影响。对此，唯一的原则就是，坚持从"实战出发"的训练原则，利用北美站世界杯相似气候条件的场地锻炼运动员的适应能力，以不变应万变。

此外在后勤保障方面也要非常细致，要准备好防雨工具，如雨衣、雨伞、大浴巾等；要准备好保暖装备、补充能量和热量的食品以应对由于天气原因而推迟比赛的情况；要准备好配件齐备的工具包以应对比赛中出现的器材和装备损坏的情况；要保障好比赛期间的通信问题；要保障好运动员雪板打蜡工作，力争做到全方位的保障。

5. 女运动员生理周期调整的问题

这个问题直接影响女队在赛季中的竞技状态，长期困扰着我们，需要找到一个可行的调节方法。我们已经到国家乒乓球队进行交流，专家已到队进行了指导，初步掌握了解决该问题的方法，在进行一年生理周期的统计和监控后，在进入冬训后具体试行。

6. 比赛期间其他人员如何与主教练配合、补台，使程序化参赛方案可操作性更强

赛场上各种信息瞬息万变，及时掌握信息就成了制胜的关键。某些情况下技术教练的精力无法顾及所有方面，这时就需要在场的其他工作人员提供协助。我们已经认识到这一点，在程序化参赛方案中已增加了工作人员和教练员分工细则内容，并在原来的基础上增加了运动员如何在心理和体能的准备内容和应对突发事件对策库，使整个参赛过程准备得更加细致、全面、充分。

7. 增加各学科专家到队服务的次数

从生理学、心理学、生物力学方面对训练的整个过程进行监控。我们继续突出科研为训练服务的宗旨，加强科技与训练结合，针对自由式滑雪空中技巧项目的特点和规律，聘请体能训练、心理训练、生理学、生物力学等方面的专家开展联合攻关，解决训练竞赛中的实际问题。

8. 制订合理、公开的奥运选拔制度

科学、合理、公开地进行奥运队伍的选拔工作是充分调动运动员、教练员积极性的关键，也是冬季奥运会取得优异成绩的保障。要把真正有实力、能够代表中国最高水平的运动员选拔到奥运队伍中。

9. 加强信息的收集与分析，科学确定参赛目标

目前训练技术、方法、手段不断创新，运动器材不断更新，我们面临的对手也随时都有新的变化，只有知己知彼方能百战不殆。要加强信息的收集、整理与分析，重视和了解对手的动向和最新进展情况，科学确定参赛方案和目标。要时刻牢记总局领导提出的"六点警示"和"八个针对"，特别是要做到"低调出征，哀兵参赛"。

考虑到温哥华的复杂天气情况，按照雪联竞赛规则规定，如果遇到恶劣天气，不排除使用一跳决胜负的可能性。因此，无论是在预赛还是决赛，高难度动作都将作为第一跳，要尽可能保证目前排名靠前，就像都灵冬季奥运会时做的一样。

10. 加强对冬季奥运会比赛规律的认识和把握

摆正冬季奥运会、世锦赛、世界杯之间的关系，要看到世界杯与世锦赛、冬季奥运会在竞赛规则及赛制上的差别，两跳决胜负的世界杯赛制我国运动员很适应并能取得好成绩，但在四跳决胜负的冬季奥运会和世锦赛中却明显表现出不适应，特别是三周台女运动员。该种赛制无论是在技术上、体力上，还是在心理上都是对教练员、运动员挑战自我、战胜自我的考验。要认清和把握好制胜四要素中的"技术、体能、心理、战术"的关系。并要在训练中和小赛中充分体现出"从难、从严、从实战出发"大运动量的"三从一大"的训练指导原则。

立足点将从冬季奥运会的实战出发，围绕着比赛的过程，关注细节，把大事做细，将细节做透。在战术安排上，要有多种参赛方案，并将不同的参赛预案纳入到程序化参赛方案中。程序化不等于时间表，而是要使每一个人清楚自己的职责。考虑到我们是室外比赛项目，受着自然环境的制约，时间可能会根据天气的变化而变化，但参赛的程序决不变动。

11. 加强反兴奋剂工作，做到干干净净参赛

反兴奋剂工作是我们常抓不懈的重点工作之一，我们坚决贯彻反兴奋剂工作的"三严"方针，从加强教育入手，提高教练员、运动员反兴奋剂的自觉性、主动性，确保反兴奋剂工作万无一失。此外还要做好运动员伤病防治和常见疾病及甲型流感的预防工作。

12. 队伍管理上仍需进一步加强

需要进一步加强运动员的理想信念和感恩教育，我们要学习北京奥运会的成功经验，使队员牢固树立正确的人生观、价值观、为国争光的信念。要做敢于拼搏、勇于实现个人价值的优秀运动员。

第二章
自由式滑雪空中技巧 "新赛制"
对训练、比赛的影响 [8]

本章提要：自由式滑雪空中技巧（以下简称空中技巧）自20世纪80年代末引入中国，历经3届冬季奥运会的洗礼后，我国选手终于在2006年的冬季奥运会上实现该项目金牌零的突破。

回首中国空中技巧队的夺冠历程，无论是在技术训练方面还是理论研究方面，处处都凝结着中国滑雪界几代人的心血。现如今，空中技巧项目自身也处于发展变化过程中，尤其是新赛制的推出，将对重塑雪上项目辉煌的中国队来说既是一次机遇，也是一次挑战，如何能顺利掌握新赛制，将为中国队备战索契冬季奥运会带来重要的理论支撑。

研究结果：对新、旧个赛制进行了较全面的比较；研究了新赛制的裁判评分系统的特点；全面分析了新赛制下对我国空中技巧项目比赛及训练的影响；最后提出了相应的对策。

结论与建议：①新赛制实际是淘汰赛制，将使比赛竞争更加激烈，有助于提高赛事的观赏性；②新赛制对世界各国运动

---

[8] 周冉，戈炳珠．应对空中技巧新赛制的冬季奥运会比赛策略探讨 [J].沈阳体育学院学报，2013，32（06）：111-113+121.

员是公平的，将会有助于预赛阶段"失手"的高水平运动员避免被直接淘汰。从集团作战角度看，这种新赛制更有利于中国队备战；③新赛制打破了旧赛制两跳难度储备打天下的模式，对运动员提出了更高的要求，即运动员至少要掌握 3 ~ 4 个不同难度的动作；④新赛制的比赛强度增大，需要运动员更高的综合能力加以适应。针对上述结论提出如下建议：①有关职能部门要认真研究新赛制的内容，做到知己知彼；②中国队必须增大动作难度储备；③为冬季奥运会夺金任务，应多进行新赛制模拟比赛；④要根据 2014 年索契冬季奥运会竞赛日程安排，制订参赛方案，并在最后的备战过程中，提高技术训练的强度。

第一节 问题的提出

空中技巧是中国唯一获得过冬季奥运会金牌的雪上项目。自 20 世纪 80 年代末我国从日本引进该项目后，短短 10 年的时间就在 1998 年第 18 届冬季奥运会上获得了女子比赛银牌的成绩，实现了我国冬季奥运会史上雪上项目奖牌零的突破，更是在 2006 年第 20 届冬季奥运会上夺得男子金牌和女子银牌，实现了我国冬季奥运会史上雪上项目金牌零的重大突破。

2011 年 10 月，国际雪联针对冬季奥运会、世界锦标赛的裁判评分系统和传统的赛制进行了较大的改革，即将于 2013 年世界锦标赛开始在重要比赛中实施的"一跳递进淘汰"的新赛制。即裁判评分体系由以往的 7 人制修改为 5 人制，旧的评分体系由 5 名裁判员进行起跳和空中的评判，2 名裁判对着陆进行评判；新的评分体系由 5 名裁判员对运动员的起跳、空中、着陆的所有技术环节赋予分值。新的赛制，压缩了裁判员的总体数量，扩大的裁判员的评分范围，此项改革相对集中了裁判员的权利，并借鉴了单板滑雪 U 型场地技巧项目的晋级制，这一改革提高了比赛的观赏性和增加了比赛的悬念。

这种新赛制的实施在一定程度上对世界各国空中技巧项目的训练和比赛提出了新的课题，对我国空中技巧项目能否继续保持世界前列的水平也是巨大的考验。因此，理解新赛制的内涵，全面解决新赛制对训练和比赛的影响，是我国空中技巧项目备战2014 年索契冬季奥运会时存在的重要问题 [9]。

一、研究的目的、意义

（一）研究的目的

如何在 2014 年索契冬季奥运会的空中技巧比赛中再次获得金牌，是摆在中国空中技巧队前面一个重要课题，而对新赛制的研究和尽快适应是重中之重。因此，本课题寄希望能为中国空中技巧队备战提供参考。

（二）研究的意义

首先，在理论意义层面，赛制研究隶属于规则范畴，国内外关于空中技巧规则的研究主要集中在中国，能够借鉴的研究文献相对较少。本研究既是对新、旧赛制的全面对比分析，也是对空中技巧训练和竞赛经验的一次综合总结。本研究的成果将对空中技巧项目本身的发展起到应有的补充和促进作用。

其次，在现实意义层面，本研究对我国自由式滑雪空中技巧运动员在2014 年索契冬季奥运会上夺取金牌具有重要的现实意义。

（三）相关研究

通过对 1990—2012 年国内外关于空中技巧领域的相关研究文

---

[9] 周冉，戈炳珠 . 冬季奥运会自由式滑雪空中技巧新赛制的思考 [J]. 冰雪运动，2012，34（06）：28-32.

献检索得知，目前空中技巧的研究主要涉及技术、体能、身体机能、形态、损伤、心理、生物力学、规则及场地设施方面的研究。

戈炳珠、杨尔绮在《对自由式滑雪空中技巧项目规律与特点的再认识》中指出：空中技巧有其自身的训练规律和特点，该文从陆上训练、水池训练、雪上训练3个方面进行了阐述，并提出三者之间统筹兼顾、合理安排等好的管理措施。纪冬等在《2007—2008赛季国家自由式空中技巧滑雪队情况分析与备战2010冬季奥运会对策研究》中强调指出如下几条：全面修正技术细节；有针对性解决女子F动作的起跳问题；解决女子三周着陆的成功率问题；提高男选手夏训三周动作量的积累问题以及提高躯干力量和下肢力量的训练效果等问题。

刘春颖、戈炳珠在《自由式滑雪空中技巧国家集训队男运动员专项技术训练课研究》中认为：男选手应增加准备难度动作和比赛动作跳次，在雪上阶段应减少基础动作跳次，增加三周的准备难度动作和比赛动作跳次。建议在奥运周期第四年以三周动作训练为主，减少两周准备难度动作和基础动作。奥运周期第三年，训练课的安排会延迟比赛动作的掌握，而且不利于比赛时竞技能力发挥。

赵佳、王卫星在《自由式滑雪空中技巧项目运动员核心力量训练研究》中指出：核心力量训练对空中技巧项目运动员有重要意义，通过研究发现运动员的核心力量水平较弱，需要全面加强。刘仁辉在《我国自由式滑雪空中技巧女子运动员体能差异的研究》中认为：对于中国自由式滑雪空中技巧女子项目，体能训练中应该定期进行测试，及时找出身体机能不对称部位，并作为训练重点，注重身体机能的对称性，从而全面、均衡地发展体能。佟永典等在《自由式滑雪空中技巧运动员跳深落地下肢受冲击力特点的实验研究》中指出：在水池训练时，落水过程可采用主动屈髋、膝、踝的缓冲动作过程可以降低竖向冲击力，可减少腰痛，增加训练有效性。雪上训练时，应以较大髋角和较大膝角落地，这样有利于提高落地质量及落地稳定性的可控制阈度。娄彦涛等在《我国女子自由式滑雪空中技巧队三周台腾空高度与落地冲击力的关系》中认为：通过平台、一周台和二周台动作落地冲击力曲线，算出女子运动员三周台落地时测力鞋垫所受冲击力是人体体重的 7.06～8.13 倍，测力平台所受的冲击力为 5.22～6.02 倍。

周成林等在《自由式滑雪空中技巧运动员"难新技术动作"心理控制能力的研究》中指出：随着空中技巧运动技术水平的提高，保证难新技术动作的成功率与大赛前的心理控制能力是至关重要的，因为空中技巧的整个动作是由助滑起跳、空中技术难度的增加，我们提出空中技巧运动员"难新技术动作"的心理控制能力的研究，其目的是使空中技巧运动员在完成"难新技术动作"时的助滑速度感、起跳时机和角度、空中动作的时空感及着陆等心理控制能力都有明显的提高，从而为提高难新技术动作的成功率打下良好的基础。郑锦惠、常波在《自由式滑雪空中技巧国家队运动员竞赛焦虑特征与成绩关系的研究》中指出空中技巧国家队运动员的赛前状态焦虑在性别和训练年限上没有显著性差异，同时结果还表明，随着训练年限的增加，运动员在认知状态焦虑、躯体状态焦虑两个维度的均值上呈递减的趋势，这可能是运动员大赛经验的不断积累和竞赛情绪调控能力逐步提高的具体体现。运动等级与状态自信心有显著性差异，说明在竞赛情境中，运动员的自信心是随运动等级的晋升而增强。空中技巧国家队运动员的比赛成绩与认知状态焦虑和状态自信心的相关有显著意义，故竞赛特质焦虑和赛前状态焦虑是影响空中技巧国家队运动员成绩的一个重要因素。

在空中技巧评分规则的演变历程中，对动作的判罚标准的研究相对较多，其中代表性文章为门传胜编写的"再论自由式滑雪空中技巧"时钟法"、"判罚标准"以及自由式滑雪空中技巧项目"时钟法判罚标准"与"象限法判罚标准"的辨析：关于运动员第一周转体结束时机和第二周转体启动时机，提出了个人研究观点，即第一周没非完整空翻周，因此第一周根本不可能满足dF动作符合"时钟法判罚标准"；对"象限法"的修改，认为基本符合空中技巧项目的发展现状及自身规律。

李军艳在《冬季奥运会自由式滑雪空中技巧夺金动作难度和质量的关系》中说明空中技巧动作难度和质量存在着此消彼长的关系，动作难度大其质量将会有所降低，4届冬季奥运会空中技巧比赛中，夺金者多以超难动作组合取胜。冬季奥运会男子空中技巧比赛夺金者选择主流动作组合和超难动作组合各占一半，要想取得冬季奥运会男子空中技巧金牌，动作难度组合须在主流动作组合以上。冬季奥运会女子空中技巧比赛夺金者都是以超难度动作组合取胜，要想取得金牌，需储备主流动作以上的难度动作。建议中国空中技巧国家队不仅要加强质量关的把握，而且只有着重提高选手的动作难度，才能保证在2010年冬季奥运会上再创佳绩。

二、研究的对象与方法

（一）研究的对象

本研究以空中技巧规则中的新、旧赛制为研究对象，以我国备战2014年索契冬季奥运会运动员及国外主要对手为调查对象。

（二）研究的方法

（1）文献资料法：通过文献检索，收集了1990—2012年国内、外关于空中技巧领域的相关研究文献，为本研究提供了重要的理论依据。

（2）访谈法：通过面访和国际雪联空中技巧教练组会议和参

加国际比赛的机会，对国内外部分裁判员、教练员、运动员、科研人员进行访问，获取全面、确切、客观的第一手资料。

（3）数理统计法：通过对历届世界大赛相关数据的归纳统计处理，本研究的论证做好准备。

（三）相关概念说明

"F"：即直体空翻转体 360°；

"dF"：即直体空翻转体 720°；

"bFdFF"：直体后 360°接直体后空翻转体 720°接直体后空翻转体 360°；

"bRuRuF"：直体后空翻转体 540°接直体后空翻转体 540°接直体后空翻转体 360°；

"bdFFF"：直体后空翻转体 720°接直体后空翻转体 360°接直体后空翻转体 360°；

"bdFFdF"：直体后空翻转体 720°接直体后空翻转体 360°接直体后空翻转体 720°；

"bdFdFF"：直体后空翻转体 720°接直体后空翻转体 720°接直体后空翻转体 360°；

"bLtFF"：直体后空翻接直体后空翻转体 1080°接直体后空翻转体 360°；

"bFdFdF"：直体后空翻转体 360°接直体后空翻转体 720°接直体后空翻转体 720°；

"bLdFF"：直体后空翻接直体后空翻转体 720°接直体后空翻转体 360°；

"bdFF"：直体后空翻转体 720°接直体后空翻转体 360°；

"bFdF"：直体后空翻转体 360°接直体后空翻转体 720°；

"bLTF"：直体后空翻接团身后空翻接直体后空翻转体 360°；

"bdFdF"：直体后空翻转体 720°接直体后空翻转体 720°；

"bFFF"：直体后空翻转体 360°接直体后空翻转体 360°接直体后空翻转体 360°；

"bFtFF"：直体后空翻转体 360°接直体后空翻转体 1080°接直体后空翻转体 360°；

"bHRaF"：直体后空翻转体 180°接直体后空翻转体 900°接直体后空翻转体 360°。

第二节　结果与分析

一、新、旧赛制的比较

（一）资格赛

表 2-1　新、旧赛制资格赛阶段比较

赛制	参赛资格	参赛动作	出场顺序	排名依据	录取名额	总跳次
旧赛制	世界杯计分前 25 名选手	2 个	抽签	两跳成绩相加	前 12 名	50 跳
新赛制	同上	2 个	同上	单跳成绩	同上 6+6=12	25 跳

注：老赛制每一选手需两跳动作不同，第二跳出场顺序与第一跳相同

从表 2-1 的对比可知，新、旧赛制资格赛的参赛资格、参赛动作以及出场顺序及录取名额均同。但进入决赛的前 12 名的运动员产生方式却迥然不同：

旧赛制：资格赛中前 12 名选手的名次，取决于运动员两跳动作成绩之和。因此，在世界大赛中，经常发生优秀选手因其中一跳失误而被挡在决赛圈之外的事情。例如，2010 年加拿大温哥华冬季奥运会中，白俄罗斯男选手安通·库什涅是该年度世界

排名第一的男子选手，就是因为资格赛中一跳着陆时的小失误而没有入围决赛。

新赛制：资格赛晋级模式由两跳总分之和排定名次改为第一轮资格赛排名前6名选手直接进入决赛，第二轮资格赛由剩余的19名选手争夺另外6个决赛名额，但采取的是"每轮单跳得分制"（表2-2）。

表2-2　新赛制资格赛阶段特点

序号	特点
1	选手的跳次减少（第一轮6跳+第二轮19跳），整个赛程持续时间减少
2	资格赛比赛结果的偶然性降低了；资格赛第一轮前6名直接进决赛；对于第一跳失误的选手而言，还可以参加第二轮争夺另外6个决赛席位，这为第一轮失误的高手水平选手又提供了一次参加决赛的机会。同时，也降低了因决赛中缺少高水平选手而影响比赛观赏性的可能
3	资格赛的"单跳晋级制"对运动员的动作难度和动作发挥稳定性提出了比旧赛制更高的要求

（二）决赛

表2-3　新、旧赛制决赛阶段比较

赛制	参赛资格	参赛动作	出场顺序	排名依据	录取名额	总跳次	持续时间
旧赛制	前12名	2个	第一跳抽签第二跳逆序	两跳总分	一次性排定1~12名	24	
新赛制第一轮	前12名	1个	逆序	一跳得分	录取前8名排定9~12名	24	稍长
新赛制第二轮	前8名	1个	逆序	一跳得分	录取前4名排定5~8名		
新赛制第三轮	前4名	1个	逆序	一跳得分	最终排定1~4名		

注：旧赛制决赛阶段每一选手须跳两跳不同动作，可与资格赛重复；新赛制同一选手在各轮比赛中所跳两跳或三跳动作须是不同动作，决赛阶段第三轮比赛动作可与资格赛重复。

表 2-4 新赛制决赛阶段特点

序号	特点
1	新赛制决赛阶段要进行 3 轮对抗才能产生冠军、亚军和季军
2	新赛制决赛阶段晋级形式为前 12 名—前 8 名—前 4 名—前 2 名
3	新赛制决赛阶段实际采用的是"单跳淘汰晋级制",即每一轮都是"一跳定乾坤",运动员若想取得最终的冠军,每一跳都不能失误,因此,增大了比赛的偶然性和观赏性
4	新赛制决赛阶段对运动员动作难度储备要求明显提升:要求决赛阶段,除最后一轮可以重复资格动作外,其余两轮均不能重复;连同资格赛,运动员至少要储备 3 个以上的难度动作
5	新赛制决赛阶段每轮比赛均采用逆序的形式,战术色彩增加
6	新赛制决赛阶段的总跳次明显减少,但时间相对增加

从表 2-3、表 2-4 可见,新赛制决赛阶段的比赛相对于旧赛制发生了重要大改变。总体而言,新赛制决赛阶段主要特点为:一是单跳淘汰晋级;二是比赛偶然性和观赏性增加;三是要求运动员的难度储备较旧赛制有较大的提升;四是每轮逆序出发使比赛战术色彩增加。

表 2-5 以往奥运会和索契冬季奥运会赛制安排对比

内容	以往奥运会赛制安排	索契奥运会赛制安排
1	女子预赛 1 天;男子预赛 1 天;休息 1 天;女子决赛 1 天;男子决赛 1 天	男、女预赛同 1 天完成;休息 1 天;男、女决赛同 1 天完成
2	预、决赛运动员只要准备两个不同的比赛动作即可满足比赛要求;赛前训练跳次和比赛跳次 6~7 跳即可	赛程缩短,但对运动员储备的动作数量及难度都大幅度提高,因此相应的赛前训练跳次就要增多一些,加上比赛的跳次 9~12 跳

从表 2-5 的对比可以看出,索契冬季奥运会在赛事时间安排上也做出了重要调整——压缩了比赛时间。同时,我们也可以看

出，这种赛程短的奥运会赛制安排，大幅度提高了比赛的强度。例如旧赛制中，运动员只要准备 2 个不同的动作就足以满足预赛和决赛的需要，因此赛前的训练跳次也相对较少；但新赛制中运动员至少要掌握 3 个动作难度储备，赛前训练的跳次也相应要增加，但整个赛时间是缩短了，运动员承受的强度和压力自然增大。

二、新赛制裁判体系的变化

新、旧赛制下裁判体系对比

表2-6 新、旧赛制下裁判体系对比

对比内容	旧赛制下裁判体系	新赛制下裁判体系
裁判人数	7 人制（或 5 人制）	5 人制
裁判分工	5 人负责空中得分；2 人负责着陆得分；5 名负责空中得分的裁判最高分为 7.0 分；2 名负责着陆分的裁判最高分为 3.0 分	5 人既负责空中得分，也负责着陆得分；每名裁判分最高分为 10.0 分
成绩计算	最后成绩 =（空中动作分 + 着陆分）× 动作难度系数；其中空中得分的 5 个裁判去掉一个最高分和最低分，着陆分为两个着陆裁判之和的 1.5 倍	最后成绩 =3 个裁判分（去掉了一个最主分和最低分）× 动作难度系数

注：旧赛制中世界杯以上级别的比赛都采用 7 人制

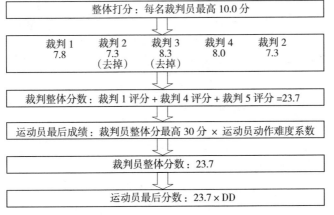

图 2-1 新裁判体系（5 人制）评分流程示意图

从表 2-6 和图 2-1 中新、旧裁判体系的对比发现，新裁判体系压缩了裁判人数，从旧裁判体系的 7 人制演变成新裁判体系的 5 人制；旧裁判体系中的裁判分工被取消了，空中动作和着陆的判罚在新裁判体系中被集中起来，新裁判体系中的裁判改为"全程裁判"，所判罚的内容包含整个动作的过程：起跳、空中和着陆。

与旧裁判体系相比，新裁判体系中的 5 名裁判员，不仅简化了裁判流程，且被赋予的更大的权力。据悉，2014 年冬季奥运会空中技巧比赛中并没有中国裁判员，这是一个非常不利的因素，对中国队备战冬季奥运会是一个严肃考验。

三、新赛制对比赛及训练的影响

（一）对我国空中技巧男选手的影响

表 2-7　中、外空中技巧男子选手综合对比

运动员	国籍	年龄	三跳难度系数总和	最高难度	赛事资历
库什尼尔·安东	BLU 白俄罗斯	30	13.95	5.0	世界杯总冠军
达新斯基·迪米崔	BLU 白俄罗斯	35	13.475	4.525	都灵冬季奥运会亚军
格力钦·阿里克谢	BLU 白俄罗斯	34	13.475	4.525	温哥华冬季奥运会冠军
费谷松·迪兰	USA 美国	25	13.475	4.525	世界杯亚军
伯格·斯加特	USA 美国	26	13.475	4.525	世界杯分站赛冠军
沃伦·舒代斯	CAN 加拿大	29	13.25	4.65	世界锦标赛冠军
容松·欧力沃	CAN 加拿大	24	13.125	4.525	2012 世界杯总冠军

运动员	国籍	年龄	三跳难度系数总和	最高难度	赛事资历
斯里沃弛·提莫非	RUS 俄罗斯	29	13.475	4.525	
刘忠庆	CHN 中国	28	13.475	4.525	温哥华冬季奥运会第三名
贾宗洋	CHN 中国	22	13.475	4.525	温哥华冬季奥运会第六名
齐光璞	CHN 中国	23	13.95	5.0	世界杯总冠军

注：三跳难度系数总和是指新赛制决赛阶段三个不同动作的难度系数之和

从表2-7对比发现，我国男选手与外国男选手动作难度系数方面处于最高级别，而且中国男选手的年龄结构和赛事资历也与外国选手旗鼓相当。中国最强劲的对手主要来自3个国家：

中国队最强劲对手：白俄罗斯选手。该国有3名世界顶尖男子选手。排在第一位的是库斯尼尔·安东。这名选手与中国选手一样，掌握着当今最高难度5.0的动作，是冬季奥运会冲击金牌的头号人物；排在第二位的是达新斯基·迪米崔，这名选手是位久经沙场的老将，已经连续4届和中国队在冬季奥运会决赛中比拼，其完美的动作质量和丰富的赛场经验也将助其在冬季奥运会上向金牌冲击；排在第三位的是温哥华冬季奥运会男子冠军格力钦·阿里克谢，这名白俄罗斯选手拥有1枚冬季奥运会金牌、2枚冬季奥运会银牌和1枚铜牌的优异战绩，实力不容小视。目前，白俄罗斯男子队伍是中国在索契冬季奥运会争金道路上最强大的对手。

加拿大有两名选手也是实力不菲，其中沃伦·舒代斯在2011年世界锦标赛决赛中跳出了满分动作，这说明其动作质量高超；

容松·欧力沃是后起之秀，曾夺得 2011—2012 年世界杯总冠军；还有值得一提的是 1991 年出生的格瑞特·崔维斯，该选手虽然年轻，也攻克了世界最高难度 5.0 的动作，因此加拿大代表队同样不可忽视的冲金团队。俄罗斯有两名选手虽然年轻，但借东道主余威，也会对金牌发起冲击。

除此之外，老牌强国美国正处于新老交替阶段，虽然整体实力不济，但上升势力猛烈，相信他们也将会在冬季奥运会上一搏。反观中国队，虽然我们男选手的整体实力并不处于下风，因为我们同样掌握着世界最高难度动作，并且在历次世界大战中均有战胜前者的先例，但中国队选手的动作稳定性还有待提高。

（二）中国男选手动作难度储备的上升空间

本研究通过对近两届奥运会、世锦赛、世界杯的调查分析得出：世界各国男子空中技巧的优秀选手主要掌握如下两档动作难度，详见表 2-8。

表 2-8　空中技巧男子选手动作难度分类

序号	第一档动作难度名称	难度系数	第二档动作难度名称	难度系数
1	bdFFdF	5.00	bdFFF	4.525
2	bdFdFF	4.90	bHRaF	4.525
3	bFdFdF	4.90	bRuRuF	4.425
4	bFtFF	4.90	bFdFF	4.425
5	bLtFF	4.65	bFFdF	4.525

我们的难度主要集中在：bdFFdF、bFdFF、bdFFF 和 bFFdF 这 4 个难度动作上。虽然这 4 个难度动作组合可以满足新赛制资格赛和决赛阶段的实际需要，但中国男子选手还没有在雪上完成 bLtFF、bFtFF 动作，这说明我们的动作难度还有上升的空间。

（三）对我国空中技巧女子选手的影响

中国女子空中技巧项目是世界公认的强队，5 届冬季奥运会，中国女子空中技巧队收获了 1 金、3 银、2 铜的优异战绩。根据目前中国队已经形成了稳定的集团作战优势的情况，中国女选手肯定是满额参加索契冬季奥运会，这对中国队的排兵布阵，提供了良机。纵览世界女子空中技巧，中国女队最大的敌手目前主要集中在两个国家，一是澳大利亚队，二是乌克兰队。澳大利亚的莉迪亚·拉西拉是温哥华冬季奥运会女子空中技巧冠军，和中国队一样掌握着世界最高难度动作，虽然赛后调整时间长，但目前已经回归赛场。乌克兰队同样掌握着世界第一档的动作，不排除该选手在冬季奥运会上能异军突起。另外，俄罗斯队的女选手科萨诺娃·沃若妮卡，也将会借东道主的优势发起对奖牌的冲击。中国女子空中技巧项目目前是阵容齐整、兵强马壮，冲金的优势明显。如果在索契冬季奥运会上抓住机遇，将会再现夺金的辉煌历史。

表 2-9　中、外空中技巧女子选手综合对比

运动员	国籍	年龄	三跳难度系数总和	最高难度	赛事资历
莉迪亚·拉西拉	AUS 澳大利亚	30	11.475	4.175	温哥华冬季奥运会冠军
阿拉·苏博	BLU 白俄罗斯	27	11.35	3.80	世界杯总冠军
阿什利·考德威尔	USA 美国	20	11.35	4.05	世界杯分站赛冠军
皮尔·劳拉	AUS 澳大利亚	24	11.25	3.525	世界杯分站赛冠军
徐梦桃	CHN 中国	23	11.475	4.175	2012 年世界杯总冠军

运动员	国籍	年龄	三跳难度系数总和	最高难度	赛事资历
李妮娜	CHN 中国	30	10.95	3.90	温哥华冬季奥运会亚军

注：三跳难度系数总和是指新赛制决赛阶段 3 个不同动作的难度系数之和

从表 2-9 可以看出，目前，中国女子选手具有一定的优势。这是空中技巧项目带给人们希望所在。

相对于男子选手而言，女子选手的竞争压力相对较小，且我们女子选手是世界公认的集团军作战模式，即我们有一批水平和实力接近的女选手在备战索契冬季奥运会。

我国女子选手的动作难度上升空间已经接近最高水平（表 2-10），所以从本届冬季奥运会备战前景来看，保持现有的难度储备足矣。

表 2-10　当今空中技巧女子选手主流动作

序号	主流动作	难度系数
1	bLdFF	4.175
2	bFFF	4.05
3	bdFdF	3.90
4	bLFF	3.80
5	bFdF	3.525
6	bdFF	3.525
7	bLTF	3.20
8	bFF	3.15

（四）新赛制对我国空中技巧选手备战的影响

1. 索契冬季奥运会决赛阶段男选手难度预测

表2-11 索契冬季奥运会空中技巧男子选手决赛动作难度预测（最高）		
国籍	动作难度组合	难度系数总和
CHN 中国	bdFFdF+bFdFF+bdFFF（或 bFFdF）	13.95
BLU 白俄罗斯	bdFFdF+bFdFF+bdFFF（或 bFFdF）	13.95
BLU 白俄罗斯	bdFFF+bFdFF+bFFdF	13.475
RUS 俄罗斯	bdFFF+bFdFF+bFFdF	13.475
USA 美国	bdFFF+bFdFF+bFFdF	13.475

从表2-11难度预测可以看出，在索契冬季奥运会上，难度在同一档次的国家至少有4个，其中6~8名优秀选手，相信这些优秀选手将会在冬季奥运会的决赛场上进行一场决战，这些选手所拥有的动作难度水平已经成为决定其最后名次的重要因素。

2. 索契冬季奥运会决赛阶段女选手难度预测

表2-12 索契冬季奥运会空中技巧女子选手决赛动作难度预测（最高）		
国籍	动作难度组合	难度系数总和
CHN 中国	bdFFdF+bFdFF+bdFFF（或 bFFdF）	13.95
BLU 白俄罗斯	bdFFdF+bFdFF+bdFFF（或 bFFdF）	13.95
BLU 白俄罗斯	bdFFF+bFdFF+bFFdF	13.475
RUS 俄罗斯	bdFFF+bFdFF+bFFdF	13.475
USA 美国	bdFFF+bFdFF+bFFdF	13.475

从表2-11、表2-12难度预测可以看出，中国女子选手索契冬季奥运会上有绝对优势，主要的对手难度只有澳大利亚的1人和我们持平，其他国家女选手与中国女选手还是有一定差距的。

应该说，中国女子队已经占领了动作难度高的先机。

3. 新赛制对中国队资格赛以及决赛阶段申报动作的影响

新赛制虽然对运动员的动作申报给出了量化指标：运动员只要掌握3个动作即可满足参赛要求。但新赛制执行的是淘汰制，这就要求运动员不仅要完成高质量的动作，更要有一定的难度系数做保障。

决赛阶段实际是"单败淘汰制"，即有一轮失败，运动员就将出局。因此，如何安排申报动作就成了重中之重。要保留自己的实力不至于被对手拼光；还要在保证成功率的前提下向对手施压，那么怎样才能解决申报动作的问题呢？实际上，申报报动作的前提是动作储备。

目前，中国选手已经具备了最难度动作、最高难度系数组合、最高得分3方面的优势，而且中国男子选手也完全可能达到满额参赛的要求，这样就会形成团队作战的优势。虽然中国男子选手的个人难度储备还达不到最高档次，但至少可以在排兵布阵上充分发挥集团优势。

四、中国备战索契冬季奥运会的对策

（一）力争满额参赛，保证团队作战

中国空中技巧男、女队如果能保证全部满额参赛，就会形成集团优势，在资格赛中会形成多人晋级、保护本队主力的局面，这会更有利于淘汰对手，这种局面给我们赛前排兵布阵带来足够大的空间。以温哥华冬季奥运会为例，澳大利亚女选手就是典型的团队作战，虽然杰克（男子名）失败了，但拉帝亚斯却成功登顶；白俄罗斯选手更是如此，接连两位高手倒下，但最后由阿里科谢完成夺冠重任。

再如，我们中国女子选手有望冲金，在与国外选手的对抗中

一旦失手，我们的二周台选手一定要坚持顶上去，集团作战的优势就是人力资源丰富。所以，满额参赛是排在第一位的任务。

（二）淘汰赛的制胜方针

1. 男选手必须走"华山一条路"，抛却"撞大运"的思想

从难度预测可以发现，中国男选手的竞争对手众多，且个个不容忽视。尤其是在难度系数这一指标上，我们目前只是与国外选手旗鼓相当，并没有明显超越。因此，必须坚定执行——"华山一条路"：坚持"以难制胜"的原则，即在满额参赛的前提下，首先在申报难度动作这一环节，全部都要达到最高难度储备。不能指望对手失败的"撞大运"思想。

新赛制的决赛阶段采用的是逆序出场，因此这对教练员掌控局面提出了更高要求：即教练员和运动员不仅在赛前要准备好多套申报动作的预案，还要紧盯对手的变化，针对这些对手的实际表现进行有效应变，并及时调整申报动作预案。

针对资格赛，必须确保晋级。按常理推断，资格赛应以稳中求胜为主，运动员使用的动作应以熟练的第一档动作和难度相对低的第二档动作为主（但针对第一轮资格赛失败的选手，在第二轮中必须全力以赴，甚至是孤注一掷，要力保进入决赛）。但最可能出现的情况是：中国队有4名选手同时参加资格赛的争夺！这种情况对国外选手来讲是一种巨大的压力！国外选手为获得晋级资格肯定会全力一搏，因此资格的比赛甚至决赛更激烈。本研究通过分析2012—2013年中国队参加世界杯成绩，制定出如下备战晋级方案：

表 2-13　我国空中技巧男选手备战晋级方案

晋级路线	动作得分	晋级名次	备注
资格赛第一跳	125 分	资格赛前 6 名	力争一跳锁定前 6 名；如果失败，将在资格赛第二跳做自己最难动作
资格赛第二跳	120 ~ 122 分	决赛前 12 名	
决赛第一跳	120 ~ 123 分	前 8 名	
决赛第二跳	125 ~ 128 分	前 4 名	
决赛第三跳	129 ~ 133 分	争夺冠军	

按表 2-13 显示，我国选手若想晋级决赛圈，在资格赛必须拿到 125 分以上；在决赛阶段由于对手减少且人员集中，只要不失误，能取得 125 ~ 128 分，基本上可以晋级最后的决赛；最后的决赛就是"一跳定乾坤"。

表 2-14　我国空中技巧女选手备战晋级方案

晋级路线	动作得分	晋级名次	备注
资格赛第一跳	125 分	资格赛前 6 名	力争一跳锁定前 6 名；如果失败，将在资格第二跳做自己最难动作
资格赛第二跳	120 ~ 122 分	决赛前 12 名	
决赛第一跳	120 ~ 123 分	前 8 名	
决赛第二跳	125 ~ 128 分	前 4 名	
决赛第三跳	129 ~ 133 分	争夺冠军	

从表 2-14 的数据可知，女子争金的压力较男子选手较小，但若想顺利晋级，资格赛中必须得到 95 ~ 98 的分数；最后夺冠的分数在 99 ~ 115 分。

2. 女选手要设计多种备战方案

空中技巧比赛偶然性较大，在保证满额参赛的前提下，中国女选手的竞争压力相对较小，但存在的问题是：如何选取跳台。

目前中国一号女选手的最高动作组合全部为三周台动作，但有一种可能，如果索契冬季奥运会决赛时，情况发生了变化，不需要完成三周台动作，该如何处理呢？

建议女子选手必须坚持自己的路线，既需要上难度，就坚决上三周台完成动作；如果需要降低难度，就完全要果断撤回到二周台。中国队最强劲的对手是澳大利亚，她就是二周台和三周台的全能选手。目前中国女队只有一名选手具备二周和三周应对能力，这是我们的弱势。

（三）尽快提高难度动作的稳定性

1. 准确测速

运动员能否顺利完成动作取决于主客观众多因素，但在所有客观因素中，"准确测速"是最重要的环节。随着比赛的推进，天气状况在随时改变，雪质情况也在改变，因此如何选择最合适的出发点往往是决胜的关键一步。

2. 提高着陆稳定性

着陆稳定性问题一直是困扰中国空中技巧男、女队的首要问题。着陆稳定性除了受客观条件天气、温度、雪质影响外，还受空中动作质量以及运动员的力量水平所决定。因此，在完善动作质量的前提下，应该大力加强运动员的力量训练。

（四）研读规则变化，制订详细的备战方案

新赛制的变化虽然经历了2年多的实践，但其内涵还需各国仔细研读，在规则范围内去制订详细的备战方案。

（五）防伤防病，保证全员参赛

空中技巧项目的伤病原因确实受多种因素制约，但如果预防到位，是可以降低到最低限度。以往有很多经典伤病案例令人扼腕叹息。例如，澳大利亚的杰克，冬季奥运会前的世界杯比赛几

乎站站都是冠军，结果就是一次意外受伤而耽误了 4 年一届的冬季奥运会。只要我们制订合理的安全计划，是完全可以避免伤害事故发生。

五、结论与建议

（一）结论

（1）新赛制实际是淘汰赛制，将使比赛竞争更加激烈，有助于提高赛事的观赏性。

（2）新赛制对世界各国运动员是公平的，将会有助于预赛阶段"失手"的高水平运动员避免被直接淘汰。从集团作战角度看，这种新赛制更有利于中国队备战。

（3）新赛制打破了旧赛制两跳难度储备打天下的模式，对运动员动作难度储备提出了更高的要求，即运动员至少要掌握 3~4 个不同难度的动作。

（4）新赛制的比赛强度增大，需要运动员更高的综合能力加以适应。

（二）建议

（1）认真研究新赛制的内容，做到知己知彼。

（2）必须增大难度储备。

（3）多进行新赛制模拟比赛。

（4）要根据 2014 年索契冬季奥运会竞赛日程安排，制订参赛方案。并在最后的备战过程中，提高技术训练的强度。

第三节 索契冬季奥运会周期自由式滑雪男子空中技巧国际格局

自由式滑雪男子空中技巧是中国队在冬季奥运会上的重点冲

金项目，尽管自 2002 年冬季奥运会起才首次派出队员参加，但在随后的 2006 年都灵冬季奥运会上，韩晓鹏便摘取了该项目的金牌，为中国代表团实现了冬季奥运会雪上项目金牌零的突破。此后，中国自由式滑雪男子空中技巧队高手辈出，成为冬季奥运会、世锦赛、世界杯该项目争夺奖牌乃至金牌的主力队伍，在该项目的国际格局定位中占得一席之地[10]。

　　自由式滑雪空中技巧比赛的规则多年来始终没有太大变化，自该项目 1994 年首次进入冬季奥运会以来，直至 2010 年温哥华冬季奥运会，"预赛两跳 + 决赛两跳"的赛制始终得以保持。伴随着国际雪联 2012 年对项目规则的更改，自由式滑雪空中技巧项目在索契冬季奥运会周期的国际格局将面临着一次历史性的变更。

　　尽管自由式滑雪男子空中技巧项目在冬季奥运会的历史并不算长，但通过自 1994 年挪威利勒哈默尔至 2010 年温哥华 5 届冬季奥运会的成绩分析，还是能通过其金牌与奖牌分布形式确立出该项目的传统优势强国，形成过往的国际历史格局，给出中国队主力军的客观定位。

　　伴随着项目规则的更改，这究竟会对自由式滑雪男子空中技巧的国际格局造成怎样的影响？中国队多年来逐渐形成的优势能否得以保持？规则更改后新的项目规律怎样能够充分地利用到中国队未来的训练之中？出于对这些问题的探索，笔者特此展开了本项研究课题。

　　通过对于索契冬季奥运会周期（2010—2014 年）自由式滑雪男子空中技巧世界杯、世锦赛的成绩进行分析，客观地得出

---

[10]　李妮娜 . 索契冬季奥运会空中技巧项目实力分析及我国备战对策研究 [D]. 北京体育大学，2012.

本周期该项目的国际格局，同时结合索契冬季奥运会的成绩引入，为中国自由式滑雪队的未来发展提供颇具参考意义的理论研究结果。

一、研究对象及方法

（一）研究对象

索契冬季奥运会周期内（2010—2014年）所有参加国际雪联自由式滑雪男子空中技巧世界杯、世锦赛、冬季奥运会的运动员。

（二）研究方法

1. 文献资料法

查阅相关的专著，在北京体育大学图书馆、中国国家图书馆、沈阳体育学院图书馆、中国滑雪协会官网、国际滑雪联合会官方网站、中国期刊全文数据库、中国优秀论文全文数据库、中国重要会议论文全文数据库查阅文献资料，了解与本论文有关的知识背景，为编写论文打好知识基础和提供理论依据。

2. 问卷调查法

在2013—2014年国际雪联自由式滑雪世界杯（空中技巧）中国北大湖站期间，笔者通过发放问卷调查表的方式，对索契冬季奥运会周期男子空中技巧的国际格局展开研究。以参赛国家为单位，填写其观点下本周期的强国名单（3个）。

3. 数理统计法

通过德尔菲法（采用背对背的通信方式征询专家小组成员的预测意见，经过几轮征询，使专家小组的预测意见趋于集中，最后做出符合未来发展趋势的预测结论）获得原始数据，对各种数据进行统计整理，运用EXCEL2003、SPSSforWindows13.0进行处理与分析，得出有价值的信息，进行定量分析。

4. 逻辑分析法

运用归纳、类比等逻辑分析方法，结合 2010—2014 年国际雪联自由式滑雪男子空中技巧世界杯、世锦赛、冬季奥运会的具体成绩，对问卷调查得到的数据进行逻辑推理分析和比较。

5. 举例分析法

选取个例作为参考对象进行全面分析研究，得出相关结论。

6. 专家访谈法

根据研究的需要，从 2013 年 8 月到 2013 年 12 月期间笔者通过对多名自由式滑雪空中技巧权威教练及学术专家进行多次面对面访谈或电话访谈，广泛听取了他们对索契冬季奥运会周期男子空中技巧国际格局的意见和建议。访谈专家包括国际雪联官员、中国自由式滑雪队教练以及沈阳体育学院自由式滑雪教练等，这些人士都是有着多年空中技巧大赛指导经验的官员。在这个过程中获得了很多重要的资料和数据并得到"访谈专家名单"（表 2-15）。

表 2-15 访谈专家名单			
国内专家名单	身份	国际专家名单	身份
闫晓娟	中国自由式滑雪队领队	ChrisRobinson	FIS 自由式滑雪委员会主席
纪冬	中国自由式滑雪队主教练	JosephFitzgerald	FIS 自由式滑雪委员会协调员
欧晓涛	沈阳体育学院自由式滑雪教练	JaySimson	FIS 自由式滑雪委员会成员
郭丹丹	自由式滑雪空中技巧裁判	RossPalmer	FIS 自由式滑雪委员会议会成员

二、研究结果与分析

自由式滑雪男子空中技巧的冬季奥运会格局分析

1. 自由式滑雪男子空中技巧的冬季奥运会背景

自由式滑雪于 20 世纪 60 年代在美国诞生，当时的美国正处于一个变革的时期，人们渴望自由的心理促使这项全新的，刺激的滑雪项目出现在人们面前。此项目最初只是将高山滑雪和杂技集于一身，经过最近几十年的发展，演变成了今天的样子。

作为自由式滑雪的一个单项，空中技巧却有着更长的历史，它始于 20 世初，1928 年美国卡尔顿成为世界上第一个穿着滑雪板完成雪上空翻动作的运动员。空中技巧运动员使用的滑雪板男子不短于 1.90 米、女子不短于 1.80 米，场地由出发区、助滑坡、过渡区一、跳台、过渡区二、着陆坡和终点区组成。

首次自由式滑雪比赛于 1966 年在新罕布什尔州举行的，在随后的 10 年中，很多运动员创造出了大量的惊险动作，此项运动也逐步成型。国际滑雪联合会在 1979 年正式承认自由式滑雪项目，并且在运动员及其跳跃技巧方面制定了新的规则，以减小此项运动的危险性。首届世界杯自由式滑雪系列赛在 1980 年举行，法国在 1986 年举办了首届世界自由式滑雪锦标赛。

在首届世界自由式滑雪锦标赛举行后不久，国际奥林匹克委员会将这一项目列入 1988 年卡尔加里冬季奥运会的表演项目。随着世界杯自由式滑雪巡回系列赛的举行，此项运动成长迅速。自由式滑雪项目在卡尔加里冬季奥运会中获得了成功，国际奥委会决定将此项目列入阿尔贝维尔冬季奥运会的正式比赛项目，但令自由式滑雪联盟感到沮丧的是，奥委会仅将雪上技巧列入比赛项目，而没有接收空中技巧项目。

在阿尔贝维尔冬季奥运会中，自由式滑雪项目取得了巨大的

成功，因此，国际滑雪联合会和利勒哈默尔冬季奥运会组委会
敦促国际奥委会将空中技巧列入 1994 年利勒哈默尔冬季奥运会
比赛项目，在 1994 年冬季奥运会召开前，国际奥委会终于接收
了这个项目。在过去的 5 届冬季奥运会中，空中技巧总共产生了
10 枚奥运金牌。

2. 历届（1994—2010 年）冬季奥运会自由式滑雪男子空中技巧成绩分析

自由式滑雪男子空中技巧比赛自 1994 年挪威利勒哈默尔进
入冬季奥运会起，截至索契奥运周期，已经进行了五届的争夺。
通过对 1994—2010 年成绩进行汇总分析，可以得出"1994—
2010 年冬季奥运会自由式滑雪男子空中技巧奖牌分布及中国选
手排名"及"1994—2010 年冬季奥运会自由式滑雪男子空中技巧
金牌榜"两表。通过对表格信息（表 2-16）进行分析，可以看
出，5 届比赛的冠军分别被瑞士、美国、捷克、中国、白俄罗斯
5 个不同的国家获得，并没有相对突出的国家在冬季奥运会男子
空中技巧格局上脱颖而出。

**表 2-16　历届（1994—2010 年）冬季奥运会自由式滑雪男子空中技巧
奖牌分布及中国选手排名**

年份	地点	冠军	亚军	季军	备注
1994	挪威利勒哈默尔	索尼（瑞士）	菲利普（加拿大）	罗伊德（加拿大）	中国选手未参加
1998	日本长野	埃里克（美国）	塞巴斯蒂安（法国）	德米斯蒂（白俄罗斯）	中国选手未参加
2002	美国盐湖城	阿里斯（捷克）	乔（美国）	阿里克谢（白俄罗斯）	邱森第 18，欧晓涛第 19，韩晓鹏第 24
2006	意大利都灵	韩晓鹏（中国）	德米斯蒂（白俄罗斯）	瓦拉迪米赫（俄罗斯）	邱森第 11，刘忠庆第 18，欧晓涛第 23

年份	地点	冠军	亚军	季军	备注
2010	加拿大温哥华	阿里克谢（白俄罗斯）	杰瑞特（美国）	刘忠庆（中国）	贾宗洋第6，齐广璞第7，韩晓鹏第21

表 2-17　历届冬季奥运会（1994—2010 年）自由式滑雪男子空中技巧金牌榜

排名	国籍	金牌	银牌	铜牌	奖牌总数
1	美国	1	2	0	3
2	白俄罗斯	1	1	2	4
3	中国	1	0	1	2
4	瑞士	1	0	0	1
5	捷克	1	0	0	1
6	加拿大	0	1	1	2
7	法国	0	1	0	1
8	俄罗斯	0	0	1	1

　　进一步通过对奖牌榜（表 2-17）加以分析，可以得到"历届（1994—2010 年）冬季奥运会自由式滑雪男子奖牌饼状图（图 2-2）"。在 5 届冬季奥运会的全部 15 枚奖牌分布里，共有白俄罗斯、美国、中国、加拿大 4 个国家夺得了 2 枚或以上的奖牌，其中白俄罗斯队的 4 枚奖牌分布于 1998 年、2002 年、2006 年以及 2010 年 4 届比赛，体现了其延续性的强大实力；美国队的 3 枚奖牌则分别来自 1998 年、2002 年、2010 年 3 届比赛，同样可以视为传统强队；中国队的 2 枚奖牌来自于 2006 年和 2010 年两届比赛，形成了较好的延续性，成为自由式滑雪男子空中技巧

的新生主力军；而加拿大队除了在 1994 年斩获 2 枚奖牌外，随后的 4 届比赛均无功而返，因而不能归为强队之列。

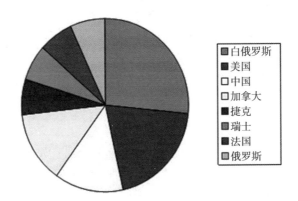

白俄罗斯
美国
中国
加拿大
捷克
瑞士
法国
俄罗斯

图 2-2 历届（1994—2010 年）冬季奥运会自由式滑雪男子奖牌饼状图

中国男子空中技巧选手于 2002 年盐湖城冬季奥运会才首次参与争夺，尽管在当届比赛中的发挥不尽如人意，但却在随后几年中有了长足的进步。2006 年都灵冬季奥运会，中国男子空中技巧选手不仅有 2 人晋级决赛，韩晓鹏更是勇夺该项目金牌，实现了中国代表团雪上项目冬季奥运会金牌零的突破。2010 年温哥华冬季奥运会，虽然中国选手没有蝉联金牌，但 3 人晋级决赛并排名前 7 位，刘忠庆奋勇摘铜、延续冬季奥运会夺牌辉煌等表现，还是体现了中国队项目整体实力的进步与提升，在男子空中技巧的冬季奥运会格局版图上，占据了领先者的一席之地。

（二）索契冬季奥运会自由式滑雪男子空中技巧成绩分析

2014 年索契冬季奥运会自由式滑雪男子空中技巧比赛场地为"玫瑰庄园"极限公园，比赛于俄罗斯当地时间 2 月 17 日 17 点 45 分展开资格赛首轮争夺。在经过全部 21 名选手的试跳后，中国选手贾宗洋以 118.59 分的成绩排名第一位，另外澳大利亚选手大卫、瑞士选手雷纳多、中国选手齐广璞和吴超以及乌克兰选手阿里克桑德尔分列第 2~6 位，成功晋级决赛。中国选手刘忠庆出现重大失误，本轮排名第 18 位。

第二轮资格赛共有 15 人参加，白俄罗斯选手德米斯蒂和安东、俄罗斯选手帕维尔、加拿大选手特拉维斯、白俄罗斯选手丹尼斯以及美国选手马克排名本轮前 6，同样晋级决赛。卫冕冠军、白俄罗斯选手阿里克谢以及中国选手刘忠庆均出现失误，无缘决赛争夺。这样，决赛 12 名选手构成为：中国队 3 人，白俄罗斯队 3 人，澳大利亚队、瑞士队、乌克兰队、俄罗斯队、加拿大队、美国队各 1 人。

决赛第一轮，中国选手齐广璞、白俄罗斯选手安东、乌克兰选手阿里克桑德尔、中国选手贾宗洋、白俄罗斯选手德米斯蒂、加拿大选手特拉维斯、美国选手马克以及澳大利亚选手大卫排名前八，晋级第二轮决赛，中国选手吴超则因失误，最终排名第 11 位。决赛第二轮，中国选手贾宗洋、齐广璞、白俄罗斯选手安东以及澳大利亚选手大卫排名前四，晋级第三轮决赛。

在决定奖牌归属的第三轮决赛里，澳大利亚选手大卫首先出场完成难度系数 4.525 的 bdFFF，获得 110.41 分；白俄罗斯选手安东随后出场，挑战世界最高难度动作、难度系数 5.0 的 bdFFdF 并成功着落，得到了 134.50 的高分；中国选手齐广璞第三个亮相，动作同样为难度系数 5.0 的 bdFFdF，但因落地失误，最终只得到 90 分；中国选手贾宗洋压轴登场，动作为难度系数 4.9 的 bFdFdF，由于落地后前团一周滑出，也只得到了 95.06 的分数。最终，白俄罗斯选手安东、澳大利亚选手大卫、中国选手贾宗洋分获索契冬季奥运会自由式滑雪男子空中技巧前三名。

（三）索契冬季奥运会周期自由式滑雪男子空中技巧国际大赛成绩分析

1. 2010—2011年赛季自由式滑雪男子空中技巧国际大赛成绩分析

2010—2011年赛季国际雪联共设置了8场自由式滑雪空中技巧项目的重大赛事，其中包括7站世界杯以及2年一度的世界锦标赛。世界杯分站赛地点涉及中国北大湖（2次）、加拿大加贝尔山、美国普莱西德湖、加拿大卡尔加里、俄罗斯莫斯科以及白俄罗斯明斯克，而在美国鹿谷举行的世锦赛穿插在卡尔加里及莫斯科两站世界杯赛事的中间进行。

根据本赛季的竞赛结果，可以得出"2010—2011赛季自由式滑雪男子空中技巧国际大赛奖牌分布及中国选手排名"（表2-18）"以及"2010—2011年赛季自由式滑雪男子空中技巧国际大赛金牌榜（表2-19）"两个表格。通过表格所列数据可以看出，中国、白俄罗斯、加拿大三国选手包揽了本赛季赛事的全部金牌。而在总奖牌数量上，这三个国家同样位列前三位，分别夺取了本赛季全部奖牌的33.33%、25%和12.5%。

表2-18 2010—2011赛季自由式滑雪男子空中技巧国际大赛奖牌分布及中国选手排名

序号	地点	冠军	亚军	季军	备注
1	中国北大湖	贾宗洋（中国）	沃伦（加拿大）	吴超（中国）	齐广璞第7，刘忠庆第9，李科第14，周航第16
2	中国北大湖	齐广璞（中国）	贾宗洋（中国）	雷纳多（瑞士）	吴超第5，周航第8，刘忠庆第9
3	加拿大加贝尔山	安东（白俄罗斯）	齐广璞（中国）	斯坦尼斯拉夫（乌克兰）	贾宗洋第6，吴超第14，刘忠庆第26，李科第29

续表

序号	地点	冠军	亚军	季军	备注
4	美国普莱西德湖	齐广璞（中国）	瑞恩（美国）	安东（白俄罗斯）	李科第 11，吴超第 12, 贾宗洋第 14，刘忠庆第 19
5	加拿大卡尔加里	沃伦（加拿大）	雷纳多（瑞士）	斯科特利（美国）	齐广璞第 5，李科第 15
6	美国鹿谷	沃伦（加拿大）	齐广璞（中国）	安东（白俄罗斯）	周航第 19，吴超第 20, 李科第 26
7	俄罗斯莫斯科	安东（白俄罗斯）	斯坦尼斯拉夫（乌克兰）	齐广璞（中国）	贾宗洋第 4，吴超第 11
8	白俄罗斯明斯克	安东（白俄罗斯）	斯坦尼斯拉夫（乌克兰）	丹尼斯（白俄罗斯）	吴超第 4，齐广璞第 6

表 2-19　2010—2011 赛季自由式滑雪男子空中技巧国际大赛金牌榜

排名	国家	金牌	银牌	铜牌	奖牌总数
1	中国	3	3	2	8
2	白俄罗斯	3	0	3	6
3	加拿大	2	1	0	3
4	乌克兰	0	2	1	3
5	瑞士	0	1	1	2
6	美国	0	1	1	2

　　除以上 3 国外，乌克兰、瑞士和美国选手也都有运动员在本赛季收获奖牌。通过表 2-18 还可以看出，本赛季中国队共有 3 人获得奖牌（齐广璞 5 枚、贾宗洋 2 枚、吴超 1 枚）、白俄罗斯

队共有两人获得奖牌（安东 5 枚、丹尼斯 1 枚）、加拿大队的奖牌全部来自沃伦 1 人、乌克兰队的奖牌全部来自斯坦尼斯拉夫 1 人、瑞士队的奖牌全部来自雷纳多 1 人、美国队共有 2 人获得奖牌（瑞恩 1 枚、斯科特利 1 枚）。

综合分析，本赛季自由式滑雪男子空中技巧项目以中国队、白俄罗斯队、加拿大队实力最为强劲；而在优秀选手方面，齐广璞、安东、沃伦、斯坦尼斯拉夫均至少有 3 枚奖牌入账，成为引领本赛季国际格局的主力军。

2. 2011—2012 赛季自由式滑雪男子空中技巧国际大赛成绩分析

2011—2012 赛季国际雪联共设置了 10 场自由式滑雪空中技巧项目的重大赛事，全部为世界杯比赛。世界杯分站赛地点涉及加拿大加贝尔山、美国普莱西德湖（2 次）、加拿大卡尔加里、美国鹿谷、中国北大湖、奥地利克利斯伯格、白俄罗斯明斯克、俄罗斯莫斯科以及挪威沃斯。

根据本赛季的竞赛结果，可以得出"2011—2012 赛季自由式滑雪男子空中技巧国际大赛奖牌分布及中国选手排名（表 2-20）"以及"2011—2012 赛季自由式滑雪男子空中技巧国际大赛金牌榜（表 2-21）"两个表格。通过表格所列数据可以看出，中国队本赛季一枝独秀，豪取全部 10 枚金牌中的 4 枚，而白俄罗斯、加拿大、乌克兰、瑞士、美国、俄罗斯则分别获得 1 枚金牌。在总奖牌数量上，中国、加拿大、白俄罗斯位列前三位，分别夺取了本赛季全部奖牌的 30%、16.67% 和 13.33%。

表 2-20　2011—2012 赛季自由式滑雪男子空中技巧国际大赛奖牌分布及中国选手排名

序号	地点	冠军	亚军	季军	备注
1	加拿大 加贝尔山	帕瓦勒 （俄罗斯）	奥利维尔 （加拿大）	田原直也 （日本）	中国选手 未参加
2	美国 普莱西德湖	贾宗洋 （中国）	刘忠庆 （中国）	安东 （白俄罗斯）	齐广璞第 13
3	美国 普莱西德湖	托马斯 （瑞士）	雷纳多 （瑞士）	皮特赫 （俄罗斯）	刘忠庆第 4， 齐广璞第 12， 贾宗洋第 20
4	加拿大 卡尔加里	奥利维尔 （加拿大）	齐广璞 （中国）	刘忠庆 （中国）	贾宗洋第 5
5	美国 鹿谷	贾宗洋 （中国）	迪兰 （美国）	奥利维尔 （加拿大）	刘忠庆第 9， 齐广璞第 10
6	中国 北大湖	齐广璞 （中国）	贾宗洋 （中国）	奥利维尔 （加拿大）	刘忠庆第 5， 周航第 12
7	奥地利 克利斯伯格	斯科特利 （美国）	马克西姆 （白俄罗斯）	迪兰 （美国）	周航第 4， 李科第 17
8	白俄罗斯 明斯克	斯坦尼斯 拉夫 （乌克兰）	奥莱卡桑 德赫 （乌克兰）	托马斯 （瑞士）	周航第 8， 李科第 18
9	俄罗斯 莫斯科	贾宗洋 （中国）	丹尼斯 （白俄罗斯）	奥利维尔 （加拿大）	刘忠庆第 5， 李科第 7， 周航第 15， 齐广璞第 16
10	挪威 沃斯	德米斯蒂 （白俄罗斯）	周航 （中国）	奥莱卡桑 德赫 （乌克兰）	刘忠庆第 12， 贾宗洋第 15

表 2-21 2011—2012 赛季自由式滑雪男子空中技巧国际大赛金牌榜

排名	国家	金牌	银牌	铜牌	奖牌总数
1	中国	4	4	1	9
2	白俄罗斯	1	2	1	4
3	加拿大	1	1	3	5
4	乌克兰	1	1	1	3
5	瑞士	1	1	1	3
6	美国	1	1	1	3
7	俄罗斯	1	0	1	2
8	日本	0	0	1	1

通过表 2-20 还可以看出,本赛季中国队共有 4 人获得奖牌(贾宗洋 4 枚、齐广璞 2 枚、刘忠庆 2 枚、周航 1 枚)、白俄罗斯队共有 4 人获得奖牌(德米斯蒂、马克西姆、丹尼斯、安东各 1 枚)、加拿大队的奖牌全部来自奥利维尔 1 人、乌克兰队共有 2 人获得奖牌(奥莱卡桑德赫 2 枚、斯坦尼斯拉夫 1 枚)、瑞士队共有 2 人获得奖牌(托马斯 2 枚、雷纳多 1 枚)、美国队共有 2 人获得奖牌(迪兰 2 枚、斯科特利 1 枚)、俄罗斯队的 2 枚奖牌分别来自帕瓦勒和皮特赫、日本选手田原直也在本赛季收获 1 枚奖牌。

综合分析,本赛季自由式滑雪男子空中技巧项目仍以中国队、白俄罗斯队、加拿大队实力最为强劲,但中国队已经逐步形成绝对的领先优势;而在优秀选手方面,仅有奥利维尔和贾宗洋 2 人收获至少有 3 枚奖牌,成为引领本赛季国际格局的主力军。

3. 2012—2013 赛季自由式滑雪男子空中技巧国际大赛成绩分析

2012—2013 赛季国际雪联共设置了 8 场自由式滑雪空中技巧项目的重大赛事,其中包括 7 站世界杯以及 2 年一度的世界锦标赛。世界杯分站赛地点涉及中国莲花山、加拿大凡圣格姆、美国普莱西德湖（2次）、美国鹿谷、俄罗斯索契以及乌克兰布尔维克，在挪威沃斯举行的世锦赛成为了本赛季的收官压轴大战。

根据本赛季的竞赛结果，可以得出"2012—2013赛季自由式滑雪男子空中技巧国际大赛奖牌分布及中国选手排名（表2-22）"以及"2012—2013年赛季自由式滑雪男子空中技巧国际大赛金牌榜（表2-23）"2个表格。通过表格所列数据可以看出，中国、白俄罗斯、澳大利亚三国选手包揽了本赛季赛事的全部金牌，中国队以5枚金牌的成绩占据绝对优势。而在总奖牌数量上，中国、白俄罗斯、加拿大位列前三位，分别夺取了本赛季全部奖牌的41.67%、20.83%和16.67%。

表2-22　2012—2013年赛季自由式滑雪男子空中技巧国际大赛奖牌分布及中国选手排名

序号	地点	冠军	亚军	季军	备注
1	中国莲花山	贾宗洋（中国）	齐广璞（中国）	奥利维尔（加拿大）	刘忠庆第4，周航第13，王心迪第15，吴超第21
2	加拿大凡圣格姆	德米斯蒂（白俄罗斯）	特拉维斯（加拿大）	周航（中国）	贾宗洋第6，齐广璞第15，刘忠庆第20
3	美国普莱西德湖	贾宗洋（中国）	齐广璞（中国）	大卫（澳大利亚）	周航第4，刘忠庆第11
4	美国普莱西德湖	贾宗洋（中国）	德米斯蒂（白俄罗斯）	皮特赫（俄罗斯）	刘忠庆第9，齐广璞第15，周航第17
5	美国鹿谷	马克西姆（白俄罗斯）	特拉维斯（加拿大）	迈克尔（美国）	贾宗洋第4，齐广璞第9，刘忠庆第20，周航第22

续表

序号	地点	冠军	亚军	季军	备注
6	俄罗斯索契	齐广璞（中国）	刘忠庆（中国）	丹尼斯（白俄罗斯）	吴超第10，贾宗洋第11，周航第21
7	乌克兰布尔维克	大卫（澳大利亚）	迪兰（美国）	马克西姆（白俄罗斯）	吴超第9
8	挪威沃斯	齐广璞（中国）	特拉维斯（加拿大）	贾宗洋（中国）	刘忠庆第4，吴超第8

注：加粗为世锦赛，其余为世界杯

表2-23 2012—2013赛季自由式滑雪男子空中技巧国际大赛金牌榜

排名	国家	金牌	银牌	铜牌	奖牌总数
1	中国	5	3	2	10
2	白俄罗斯	2	1	2	5
3	澳大利亚	1	0	1	2
4	加拿大	0	3	1	4
5	美国	0	1	1	2
6	俄罗斯	0	0	1	1

通过表2-22还可以看出，本赛季中国队共有4人获得奖牌（齐广璞4枚、贾宗洋4枚、刘忠庆1枚、周航1枚），白俄罗斯队共有3人获得奖牌（德米斯蒂2枚、马克西姆2枚、丹尼斯1枚），澳大利亚队的奖牌全部来自大卫，加拿大队共有2人获得奖牌（特拉维斯3枚、奥利维尔1枚），美国队的两枚奖牌分别来自迪兰和迈克尔、俄罗斯选手皮特赫在本赛季收获1枚奖牌。

综合分析，本赛季自由式滑雪男子空中技巧项目仍以中国队、白俄罗斯队、加拿大队实力最为强劲，但中国队已经确立绝对的领先优势；而在优秀选手方面，齐广璞、贾宗洋、特拉维斯收获至少有 3 枚奖牌，成为引领本赛季国际格局的主力军。值得一提的是，中国选手齐广璞在世界锦标赛第三轮的决赛中高水平完成了 bdFFdF（难度系数 5.0）这一最高难度动作，成为完成该动作的世界第一人，而单跳 138 分的罕见高分，也刷新了中国选手单跳最高分纪录。

4. 2013—2014 赛季自由式滑雪男子空中技巧国际大赛成绩分析

2013—2014 赛季国际雪联共设置了 6 场自由式滑雪空中技巧项目的重大赛事，其中包括 5 站世界杯以及索契冬季奥运会。世界杯分站赛地点涉及中国北大湖、中国北京、美国鹿谷、加拿大凡圣格姆以及美国普莱西德湖，由于冬季奥运会成绩已经在之前进行综述，因此现只对本赛季世界杯成绩进行统计。

根据本赛季的竞赛结果，可以得出"2013—2014 赛季自由式滑雪男子空中技巧国际大赛奖牌分布及中国选手排名（表 2-24）"以及"2013—2014 赛季自由式滑雪男子空中技巧国际大赛金牌榜（表 2-25）"2 个表格。通过表格所列数据可以看出，中国、白俄罗斯、加拿大三国选手包揽了本赛季赛事的全部金牌，中国队以 3 枚金牌的成绩占据绝对优势。而在总奖牌数量上，中国、白俄罗斯位列前两位，分别夺取了本赛季全部奖牌的 53.33% 和 26.67%。

表2-24　2013—2014赛季自由式滑雪男子空中技巧国际大赛奖牌分布及中国选手排名

序号	地点	冠军	亚军	季军	备注
1	中国北大湖	刘忠庆（中国）	安东（白俄罗斯）	贾宗洋（中国）	吴超第9，齐广璞第10，周航第15，王心迪第19
2	中国北京	特拉维斯（加拿大）	吴超（中国）	贾宗洋（中国）	齐广璞第4，刘忠庆第12，周航第19，王心迪第26
3	美国鹿谷	安东（白俄罗斯）	齐广璞（中国）	阿里克谢（白俄罗斯）	周航第12，吴超第22，贾宗洋第23，刘忠庆第25
4	加拿大凡圣格姆	刘忠庆（中国）	马克（美国）	大卫（澳大利亚）	吴超第8，贾宗洋第15，齐广璞第19，周航第33
5	美国普莱西德湖	齐广璞（中国）	刘忠庆（中国）	阿里克谢（白俄罗斯）	吴超第9，周航第11，贾宗洋第25

表2-25　2013—2014赛季自由式滑雪男子空中技巧国际大赛金牌榜

排名	国家	金牌	银牌	铜牌	奖牌总数
1	中国	3	3	2	8
2	白俄罗斯	1	1	2	4
3	加拿大	1	0	0	1
4	美国	0	1	0	1
5	澳大利亚	0	0	1	1

通过表2-24还可以看出，本赛季中国队共有4人获得奖牌（刘忠庆3枚、齐广璞2枚、贾宗洋2枚、吴超1枚），白俄罗斯队共有2人获得奖牌（安东2枚、阿里克谢2枚），加拿大特拉维斯、美国马克以及澳大利亚大卫各获得1枚奖牌。

综合分析，本赛季自由式滑雪男子空中技巧项目仍以中国队、白俄罗斯队实力最为强劲，而中国队已经进一步巩固绝对的领先优势；在优秀选手方面，刘忠庆、齐广璞、贾宗洋、安东、阿里克谢收获至少有 2 枚奖牌，成为引领本赛季国际格局的主力军。

三、索契冬季奥运会周期自由式滑雪空中技巧规则更改及影响

（一）自由式滑雪空中技巧规则及其更改

自由式滑雪空中技巧项目的过往世界锦标赛和冬季奥运会的规则如下：参赛者需要参加两个比赛日的争夺，其中第一个比赛日为预赛比赛，参赛者进行两次跳跃，成绩之和位列前 12 名的选手晋级决赛。第二个比赛日为决赛比赛，参赛者同样进行两次跳跃，成绩之和排定最终的名次归属（预赛成绩不带入决赛）。

自由式滑雪空中技巧项目的过往世界杯比赛的规则如下：全体参赛选手根据抽签顺序进行预赛角逐，预赛比赛只进行一轮跳跃，排名前 12 位的选手将晋级决赛。决赛同样采取一轮角逐的形式，并根据预赛排位倒序出发，通过预赛轮次成绩与决赛轮次成绩的加和，最终确定本站赛事的名次归属。

自 2012 年世界杯起，国际雪联对该项目的比赛规则加以更改：全体参赛选手根据抽签顺序进行预赛角逐，预赛进行一轮单跳，排名前 12 位的选手将晋级决赛。决赛将采取两轮角逐的形式，其中第一轮决赛，参赛者根据预赛成绩倒序出发（预赛成绩不带入），排名前 4 位者晋级第二轮决赛，根据第二轮决赛的单跳成绩，确定本站比赛选手的最终名次。

伴随着世界杯比赛规则的更改，2013 年世界锦标赛和 2014 年索契冬季奥运会的规则也进行了相应调整：其中，世锦赛规

定，参赛者需要参加两个比赛日的争夺，其中第一个比赛日为预赛比赛，参赛者进行两次跳跃，排名第一跳前6名的选手率先晋级决赛，剩余选手参加第二轮预赛，排名第二跳前6名的选手同样可以晋级决赛，构成最终的决赛12人名单。第二个比赛日为决赛比赛，共设置三轮争夺，其中第一轮决赛，参赛者根据预赛成绩倒序出发（预赛成绩不带入），排名前8位者晋级第二轮决赛；第二轮决赛，参赛者根据第一轮成绩倒序出发（第一轮成绩不带入），排名前4位者晋级第三轮决赛；最终，根据第三轮决赛的单跳成绩，确定本届世锦赛选手的最终名次。冬季奥运会比赛规则的大体流程与世锦赛一致，然而却将比赛时间缩短至一天进行，对运动员提出了更加严峻的挑战。

在打分规则方面，传统打分共设置7名裁判，其中5人对运动员的起跳及空中姿态进行打分，满分为7分并精确至小数点后1位；2人对运动员的落地情况进行打分，满分为3分并精确至小数点后1位。打分结束后，系统会自动去掉"起跳及空中姿态"打分组中的一个最高分和一个最低分，并按照"（起跳及空中姿态3个有效分之和 + 落地2个有效得分和 ×1.5）× 难度系数"的方式得出选手的单跳成绩。

2013年世界杯起，打分规则做出了巨大的调整：比赛共设置5名裁判进行打分，满分为10分并精确至小数点后1位，打分结束后，系统会自动去掉一个最高分和一个最低分，并按照"剩余3个有效分之和 × 难度系数"的方式得出选手的单跳成绩。

（二）中国自由式滑雪男子空中技巧运动员齐广璞索契冬季奥运会周期成绩分析

关于自由式滑雪空中技巧规则修改后的影响，笔者选择举例分析法进行论述。选取对象为中国自由式滑雪男子空中技巧运动员齐广璞，作为 2009—2010 赛季世界杯总排名亚军、2010—2011 赛季世界杯总排名冠军，齐广璞可谓男子空中技巧项目的优秀运动员，且竞技成绩相对稳定，因而比较具备研究和参考价值。根据齐广璞索契奥运周期全部国际赛事的成绩名次，可以得到图 2-3，图中红线间隔表明规则修改分界线。

通过图 2-3 不难看出，在自由式滑雪空中技巧项目规则修改前，参考对象的成绩相对稳定，即没有太多浮动，全年成绩围绕在第 1～7 名。然而，自 2011—2012 赛季起，规则的改动也使得其名次变化出现了相当明显的波动，呈现出不稳定态势。具体到单个赛季，齐广璞能有问鼎冠军、摘取亚军的优异发挥，同时也有着第 16 名、第 15 名、第 19 名的较差表现，成绩走势图持续形成大幅振荡图像。

由此说明，自空中技巧项目规则更改后，对运动员也产生了较大程度的影响，意外对比赛的结果影响更大，运动员成绩也难以持续稳定在较高水平。

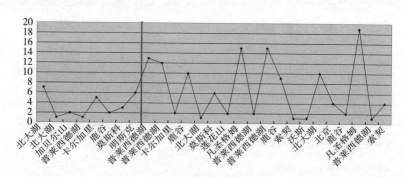

图 2-3　中国自由式滑雪男子空中技巧运动员齐广璞索契冬季
奥运会周期成绩走势图

（三）索契冬季奥运会周期自由式滑雪男子空中技巧的格局分析

1. 索契冬季奥运会自由式滑雪男子空中技巧成绩与本周期国际大赛成绩的对比

通过上文总结的各赛季自由式滑雪男子空中技巧国际大赛金牌榜，可汇总得出表 2-26。能够看出，中国队无疑是本奥运周期该项目的绝对领跑者，无论在金牌数量及奖牌数量上都有着明显的优势。在除却索契冬季奥运会的 31 次国际大赛里，中国队的夺金率达到 48.39%，而夺牌率同样达到了 37.63%。作为中国队最强劲的竞争对手，白俄罗斯的周期夺金率和夺牌率分别是 22.59% 和 20.43%。

索契冬季奥运会自由式滑雪男子空中技巧金、银、铜牌分别归属白俄罗斯、澳大利亚及中国选手，斩获本周期 20% 金牌的白俄罗斯还是在最为关键的一战里力压近乎 50% 夺金率的中国队。而作为只有一名运动员参赛且周期夺金、夺牌率仅为 3.23% 的澳大利亚，同样取得了比中国队更为出色的成绩——银牌。

不过也应该看到，中国、白俄罗斯作为两支索契奥运周期实力最为强劲的团队，各有 3 名选手入围最终 12 人决赛名单，体现出了明显的集团优势，而排名 3~8 位的加拿大、美国、乌克兰、瑞士、俄罗斯、澳大利亚同样保证了有选手晋级决赛轮次，很客观地反映了现实实力状况。

表 2-26　2010—2014 年赛季自由式滑雪男子空中技巧国际大赛金牌榜

排名	国家	金牌	银牌	铜牌	奖牌总数
1	中国	15	13	7	35
2	白俄罗斯	7	4	8	19
3	加拿大	4	5	4	13
4	美国	1	4	3	8

续表

排名	国家	金牌	银牌	铜牌	奖牌总数
5	乌克兰	1	3	2	6
6	瑞士	1	2	2	5
7	俄罗斯	1	0	2	3
8	澳大利亚	1	0	2	3
9	日本	0	0	1	1

2. 规则更改对于自由式滑雪男子空中技巧国际格局的影响

较之表 2-26，索契冬季奥运会结束后的赛果对自由式滑雪男子空中技巧的国际格局产生了较小的影响，成功实现卫冕的白俄罗斯队在冬季奥运会金牌数量上达到 2 枚，成为第一个两次荣获冬季奥运会男子空中技巧项目金牌的国家，在奖牌总数上，白俄罗斯队依然以 5 枚的数量保持领跑，其连续夺牌表现也延续到5 届。

凭借着 1 枚铜牌的成绩，中国队实现了连续 3 届冬季奥运会有奖牌收获的表现，3 枚奖牌的总数也追平了此前排名奖牌数第二的美国队，而在金牌榜排序上依然位列第三。澳大利亚队首次摘取冬季奥运会自由式滑雪男子空中技巧奖牌，成为了这一项目的新生力量。

可以说，项目规则的更改并没有对自由式滑雪男子空中技巧的国际格局产生太大影响，传统劲旅白俄罗斯队、中国队依然实力强大，但美国队显然在本奥运周期表现欠佳，无论在国际大赛抑或冬季奥运会中都没有太多斩获，也造就了冬季奥运会金牌、奖牌榜格局被白俄罗斯以及中国反超、追赶的情况。当然，规则更改同样给更多的国家带来了机会，新生力量澳大利亚的崛起足以印证。

3. 中国自由式滑雪男子空中技巧在索契冬奥周期的国际格局定位

尽管在周期最为关键的一场比赛里，中国自由式滑雪男子空中技巧选手并没有取得最为理想的结果，但回看整个周期，中国队的发挥依然称得上该项目实力最为强劲的团队，绝对配得上引领项目国际格局的角色。

在连续 4 个赛季的国际大赛争夺里，中国选手保持着每个年度金牌及奖牌榜第一的席位，并且将优势在 4 年里不断扩大。单从夺牌率而言，4 年数据分别为 33.33%、30%、41.67% 以及 53.33%，同样可以展示出中国男子空中技巧选手的强大实力。

另外，中国自由式滑雪男子空中技巧项目人才济济，单赛季能够有多人次摘取奖牌，形成了其他国家所无法达到的集团优势。在拥有厚度的同时，中国队同样具备顶尖高度的优秀选手，齐广璞、贾宗洋、刘忠庆都在本周期登上了世界杯总分第一名的宝座，3 个人单赛季多次获得奖牌的发挥，也使他们成为了引领国际格局的绝对主力军。同时，在难度储备上，中国自由式滑雪男子空中技巧选手同样走在世界前列。齐广璞在 2013 年世锦赛上成功完成难度系数 5.0 的 bdFFdF，成为世界上首位完成该难度的运动员，而单跳 138 分的高分，也排在了本奥运周期的"头把交椅"；贾宗洋奥运赛季新增难度系数 4.9 的 bFdFdF，同样成为了极具难度竞争力的优秀运动员。

四、结论

索契冬季奥运会周期自由式滑雪男子空中技巧国际格局可定义为中国、白俄罗斯两强鼎立，且中国队优势较为明显。自项目规则修改后，自由式滑雪男子空中技巧国际格局并没有受到太多影响，中国队的优势甚至有所扩大。然而，巨大的优势最终没有转化为索契冬季奥运会的胜势，这值得中国空中技巧人有所反思。

通过本次研究，我们可以欣喜地看到中国自由式滑雪男子空中技巧在索契奥运周期里的明显进步，已经当之无愧地成为引领项目国际格局的主力军。可以说，中国男子空中技巧无论在人才储备、难度储备、名将储备上均属世界一流。然而，为何中国队在本周期世界大赛里的表现最为优秀，却饮恨奥运会一役？为什么在奥运会关键时刻，总是对手冲击高难度成功，而中国队却屡屡失误？这其实还应更多地从项目规律和运动员职业规划方面寻找差距。

动作的成功源自对其熟练的掌握，大赛的掌控能力源自生活阅历及比赛经验的丰富积累，通过索契的失败，中国自由式滑雪男子空中技巧必须正视现有的缺点和不足，通过有针对性地提升及改进，方可实现圆梦奥运金牌的终极目标。

第三章
自由式滑雪空中技巧项目
运动员高难动作技术特点研究

　　本章提要：为了研究优秀运动员运动训练中的技术完成的情况，找出 bFdF 动作成功和失败动作的不同所在，本章采用运动影像分析、统计学分析等方法对我国自由式滑雪空中技巧女子运动员的助滑距离、助滑速度及起跳出台、着陆瞬间的运动学指标进行研究，说明该项目运动员在完成 bFdF 动作时出台和着陆瞬间的运动学指标在着陆成功和失败时的不同差异。自由式滑雪空中技巧不仅一直是我国优势雪上项目，同时也实现了突破雪上金牌的目标，也是唯一雪上金牌的突破。技术分为 4 个部分，助滑、起跳、空中翻腾和着陆。这 4 个部分相互衔接，每个部分都相互促进、相互作用。落地的稳定性是该项目的难点，所以本次研究不研究空中翻腾技术动作，只研究助滑、起跳、着陆这 3 个方面的一些运动学指标，同时要获得助滑距离及助滑速度的数据。bFdF 动作是向后翻腾 360° 接 720°，难度系数为 3.525，属于二周台的主流动作，也为女子比赛中常用动作。通过本次研究希望通过对运动员在二周台成功和失败动作的运动学参数进行对比，在着陆时成功和失败下的不同差异，在运动员和教练员训练

中提出更好的建议 [11]。

第一节　自由式滑雪空中技巧 bFdF 动作的技术研究

一、助滑

空中技巧 4 个阶段紧密相连，好的助滑速度是完成高质量动作的基础。助滑速度受到坡度、距离、雪质、环境条件的影响。环境条件包括风速、风向、光照、温度、湿度等，其中风对技术动作的效果影响较大，速度过慢导致高度远度不够，速度过快导致动作不受控制所以在比赛中要选择合适的助滑坡度（或高度），从而控制个人所需的助滑速度。

二、出台瞬间的运动学指标

着陆动作的成功和失败两种情况下，选取关键时机的运动学参数（躯干倾角，肩、髋、膝、踝关节角度，重心水平方向、垂直方向速度及合速度，重心高度）进行正态分布检验与两独立样本 t 检验，并计算均值和标准差，建立表格。

表 3-1　着陆成功与失败在出台瞬间的运动学指标对比

运动学参数	M ± SD		P
	成功	失败	
膝关节角度（°）	144.61 ± 15.32	155.51 ± 11.40	0.096
重心垂直速度（m/s）	8.96 ± 0.28	8.85 ± 0.67	0.173

[11]　戈炳珠.自由式滑雪空中技巧运动员动作难度对比分析 [J]. 中国体育科技，2004（04）：37-38+42.

续表

运动学参数	M ± SD		P
	成功	失败	
肩关节角度（°）	166.42 ± 11.37	157.25 ± 17.32	0.187
躯干倾角（°）	29.28 ± 7.75	24.81 ± 9.85	0.288
合速度与水平正向夹角（°）	47.81 ± 2.32	46.52 ± 3.81	0.392
髋关节角度（°）	161.12 ± 14.22	164.58 ± 10.96	0.554
重心合速度（m/s）	12.12 ± 0.55	11.92 ± 0.77	0.568
重心水平速度（m/s）	8.16 ± 0.71	8.22 ± 0.92	0.881

从对表 3-1 数据的分析和运动图像的分析来看，对比着陆成功与失败的起跳技术特征，各运动学指标无数理统计的差异性，将 P 值从小到大排序发现：膝关节角度成功时的平均值为 144.60°，小于失败时的 155.50°，成功时的膝关节屈曲幅度更大，腿部的蹬伸动作更有力，而出台时重力产生向后的翻转力矩，充分伸膝在一定程度上会克服上体向后倾斜，台面对人体的反作用力线通过重心上方，同时反作用力的加大有利于抛射角度的加大，腾空时间会更充分些。重心垂直速度成功时平均值为 8.98m/s，大于失败时的 8.87m/s，翻腾的高度是由重心垂直速度来决定的，重心垂直速度越大，翻腾的高度也就越大，翻腾的时间也会延长。合理的助滑速度，充分、有力的动作起跳会使运动员获得更好的高度和远度，使空中翻腾动作得到是更好的保证，并有准备充足的时间进行着陆。

三、着陆瞬间运动学指标

运动学参数	M±SD		P
	成功	失败	
肩关节角度（°）	64.38 ± 35.24	123.55 ± 23.28	0.002[a]
膝关节角度（°）	126.53 ± 24.18	104.71 ± 16.12	0.057
重心垂直速度（m/s）	33.55 ± 6.54	40.72 ± 9.32	0.104
躯干倾角（°）	146.72 ± 14.03	131.34 ± 23.58	0.156
重心水平速度（m/s）	32.05 ± 5.45	28.55 ± 3.56	0.163
踝关节角度（°）	115.77 ± 30.50	105.18 ± 12.98	0.412
重心合速度（m/s）	46.31 ± 8.13	49.93 ± 8.86	0.427
髋关节角度（°）	93.06 ± 33.56	84.85 ± 20.05	0.584

表 3-2　着陆成功与失败在着陆瞬间运动学指标对比

注：[a]：$P < 0.05$

表 3-2 可以看出，着陆滑出是最后一个运动阶段，国际雪联自由式滑雪空中技巧裁判手册中提到着陆成绩占总分的 30%，着陆好坏直接影响运动员的总成绩分数。运动员在 37°的坡面上着陆，是需要良好的动作技术和对人体重心的控制。这就要求运动员要有良好的肌力、良好的空间感觉。要求运动员要有足够强大的腰屈伸爆发肌力，这能使落地更加稳定，核心力量、股四头肌、胫骨前肌最为关键。空间感觉的准确判断也影响着陆的稳定性。

总结以往研究对空中着陆失败的研究，主要有：人体剩余动量巨大、落地时姿态问题、落地后运用技术不当、心理因素影响。肩关节角度在着陆成功与失败时具有明显的不同差异，与着陆动作姿态也有着密切的关系。着陆失败的同时上臂姿势各异，肩关节角度差距较大。在着陆之前常有过早的屈膝弯腰动作，着陆的瞬间膝关节、髋关节的角度 90° 为最佳。出台瞬间成功时的重心垂直速度平均值更大，而着陆瞬间重心垂直速度平均值（33.56m/s）比失败时（40.73m/s）要小，也恰恰证明了这种缓冲效果。

着陆的稳定程度主要取决于人体剩余动量矩和着陆时的人体姿态角度。成功的着陆需要重力矩冲量和人体剩余动量矩平衡。重力矩冲量是重力矩与时间的积，人体各环节的姿态角决定各每个环节的重心，也决定人体的重心和重力矩，躯干倾角大时重力矩大。在视频当中可以看出失败时的动作为躯干后仰触地和上肢触地侧倾。要是考虑到空中动作，人体横轴的翻转时和纵轴的转体时：纵轴转体未完成时，可能导致绕横轴翻转不够；为完成纵轴转体，又可能导致横轴翻转过度；在这两种情况下都会造成失败。

四、结论

（一）结论

助滑的速度在着陆成功和失败当中有着决定性的意义，不见得速度越快成功率就高，要根据不同的动作、个人动作速度快慢的习惯、外界环境条件等多种因素所决定的。出台瞬间运动学指标在着陆成功和失败时无统计学上的显著性差异。完全出台瞬间的膝关节屈曲幅度在着陆成功时的均值比失败时大，肩关节角度、躯干倾角均值也更大。着陆失败时身体姿态各有不同，着陆的瞬间肩关节角度在着陆成功和失败时有显著性差异。着陆瞬间的膝关节角度均值成功时比失败时略大，成功时的均值超过最优值 90° 约 14°，髋关节角度均值在最优值 90° 左右，重心垂直速度均值在成功时比失败时小。

（二）建议

在平时的训练当中还要掌握好助滑速度、更好地完善起跳技术，加强上肢手臂的引导与腿部蹬伸练习相结合，在身体训练中要注意加强不稳定下的稳定能力，动态的平衡能力，特殊情况下的发力能力以及强有力的核心力量训练以及下肢蹬伸力量，加强落地后快速下蹲的支撑练习和平衡性练习。

第二节　自由式滑雪空中技巧"时钟法判罚标准"的研究 [12]

自由式滑雪空中技巧（以下简称空中技巧）自 20 世纪 80 年代末引入中国，历经 3 届冬季奥运会的洗礼后，我国选手终于在 2006 年的冬季奥运会上实现该项目金牌零的突破。

回首中国空中技巧队夺冠历程，无论是在技术训练还是理论研究方面，处处都凝结着中国滑雪界几代人的心血。

笔者重提空中技巧裁判界经典而又饱受争议的"时钟法判罚标准"目的有二：一是进一步深入研究该判罚标准的内涵，延续我国在空中技巧裁判领域研究的领先性；二是技术革新，理论先行。希望本研究能为我国空中技巧事业再续辉煌起到应有的促进作用。笔者采用文献资料法、专家访谈法、录像解析法，对空中技巧"时钟法判罚标准"的内容进行深入分析。研究结果表明：空中技巧"时钟法判罚标准"的演变过程实质是人们对这一标准认识水平的提高过程，虽然目前该标准相对合理，但仍存在如下问题：旧版"时钟法判罚标准"对运动员完成第一周转

---

[12]　门传胜.自由式滑雪空中技巧项目裁判规则演变的思考[J].冰雪体育创新研究，2022（14）：174-176.

体动作结束时机的限定有悖客观事实，但对同一动作的其他周空翻的周际界定却没有实质性意义；旧版"时钟法判罚标准"较适合第一周为非转体类空翻动作的界定；新版"象限法判罚标准"实质是放宽条件的旧版"时钟法判罚标准"；三周空翻转体结束时机限定的时相较两周空翻转体结束时机限定的时相要大45°，即三周空翻放宽的尺度更大。

到目前为止，新、旧两个版本的"时钟法判罚标准"都无法避免实际动作界定过程中存在的歧义现象，进而引发动作组合界定的歧义问题，且新版的"象限法判罚标准"在某种程度上加大了动作界定歧义判罚的可能性。为此，本文针对所论述的实际情况向国际雪联提出了裁判员实际 A、B 职能分组；针对不同类型的空中技巧动作细化"时钟法判罚标准"，做到区别对待以及将裁判评分的重点放在运动员的实际转体度数及整体效果上的合理化建议 [13]。

一、问题的提出

裁判规则是一把尺子，它引领着运动项目的发展。空中技巧的裁判规则中，"时钟法判罚标准"一直是判罚的核心，也是一个争议最大、变化最大的评价标准。

纵观空中技巧裁判规则的变化，关于这一判罚的核心变化主要还是在对"时钟法判罚标准"的细节认定上。鉴于空中技巧国际规则中的"时钟法判罚标准"变化较大，因此必须掌握这种变化的核心，才能对训练起到应有的指导和监督作用。同时，在对"时钟法判罚标准"变化理解的广度和深度上也存在着很大的空

---

[13]　门传胜，董利，纪冬.自由式滑雪空中技巧项目"时钟法判罚标准"与"象限法判罚标准"的辨析 [J].沈阳体育学院学报，2011，30（06）：22-26+31.

间。因此，如何把握规则的演变具有重要的指导意义。

二、研究的目的、意义

众所周知，项目的可持续发展，需要裁判规则的引领。特别近几年来关于"时钟法判罚标准"的演变，让我们清醒地认识到，谁能把握规则变化的本质，谁就能在技术上占领一定的领先地位。因此，当前如何把握规则的变化，促进我国空中技巧项目技、战术水平的全面发挥，摆脱规则变化带来的困惑，引领我国空中技巧项目保持优势并再创辉煌刻不容缓。

本研究力求通过对"时钟法判罚标准"演变的分析，找出其演变过程中存在的问题和不足，结合运动训练实践，寻找对该标准的理解关键点，以满足各方面的需求，如帮助运动队制订合理的训练计划等。同时，本研究也寄希望能达到丰富该项目的裁判内容，为中国空中技巧运动的长远发展提供理论参考的目的。

三、相关研究

（一）国际裁判规则变化的相关研究

近年来，由于"时钟法判罚标准"一直是空中技巧界争论的热点。通过查阅 CNKI 数据库发现，相关内容的研究并不多见，大多的研究都局限于运动项目的技术分析、心理和生化方面，在对规则细节方面的研究寥寥无几。关于"时钟法判罚标准"的内容变化，主要体现在国际雪联历年举办的裁判员培训班课堂上，直至 2008 年才最终落实到国际规则中来，这也是目前为止关于"时钟法判罚标准"的明文条款和权威解释。

1. 关于"时钟法判罚标准吗"的认识

由表 3-3 可知由于西方国家开展空中技巧项目较早，专业程度较高，在其长期的训练过程中，不但自身积累了大量的经验，更因"时钟法判罚标准"的变化而倍显外国人的"理解色彩"。随着中国空中技巧项目的崛起，我们的优势逐渐占据了上风，同时，我们对规则的理解和把握也有了独到的见解。但现实情况是，目前我们能得到的关于"时钟法判罚标准"的理解，全部为口头资料，即国际雪联裁判员培训班讲座资料（2008 年最新版国际规则除外）。

表 3-3　"时钟法判罚标准"演变阶段

序号	阶段	具体内容
1	初始阶段 （起始——20 世纪 90 年代）	约定俗成，只在裁判员培训班中讲解
2	发展变化阶段 （本世纪初——2004 年）	逐渐完善，但争议也是最大、变化最大的阶段
3	稳定阶段 （2004 年——至今）	2008 年正式以明文条例出现在规则中

"时钟法判罚标准"在其演变的历程中，存在着诸多问题，具体体现在表 3-4：

表 3-4　"时钟法判罚标准"存在的问题

序号	阶段	缺陷
1	初始阶段	只是裁判界业内人士了解，只在国际裁判员培训班中讲解判罚要点，不承认动作判罚存在"歧义现象"
2	发展变化阶段	在世界杯、世锦赛中频频出现争议判罚，国际雪联虽然开始认识到问题的存在，但只是采取了逐渐完善的过程，有针对性地"放宽标准"，其中 2006 年奥运会的男子决赛判罚争议最大
3	稳定阶段	国际规则虽然在 2008 年版的规则中正式以明确条例——图例形式进行了专门描述，但关于历史遗留下来的"歧义问题"却一直没有解决

2. 内关于"时钟法判罚标准"研究现状

通过对中国知网 1998—2008 年的文献资料库对空中技巧裁判规则的检索，我国目前关于空中裁判规则的研究文章，只得到 5 个结果——《自由式滑雪空中技巧裁判规则演变对该运动发展的影响》《对自由式滑雪空中技巧"时钟法"判罚标准的商榷》《再论自由式滑雪空中技巧"时钟法"判罚标准》《空中技巧起跳技术 FIS 评判标准辨析》《再谈"double-Full"完成时机的判定问题》。前 3 篇文章均出自一个人之手，是对"时钟法判罚标准"的全面、细致的论述；而《空中技巧起跳技术 FIS 评判标准辨析》只是涉及了裁判规则的评定起跳的部分内容；至于《再谈"double-Full"完成时机的判定问题》是说明了 20 世纪 90 年代末国内一起针对"时钟法判罚标准"具体案例分析，由于该文中所述的具体图片和数据已经无从考证，因此借鉴意义不大。

综上所述，目前我国对于空中技巧裁判规则的研究较少，专门针对"时钟法判罚标准"进行分析的文章也仅此几篇，对"时钟法判罚标准"的深层次认识在裁判领域尚属空白。因此，如何对"时钟法判罚标准"进行全方位的研究，把握其判罚的核心，对我空中技巧运动的可持续发展具有一定的现实意义。

（二）相关概念的界定

空中技巧时钟法判罚标准

空中技巧周际动作时机的判罚标准，即运动员完成动作的空间界限为 11 点到 1 点范围之间（以 12 点为中线，前后30°区间；图 3-1）。

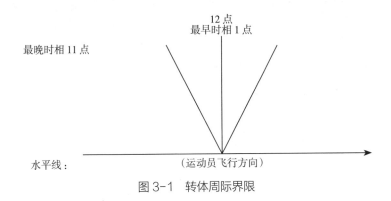

图 3-1　转体周际界限

　　动作界限：动作界限指的是运动员能够清晰展示每个动作的开始和结束，即每个空翻动作中宣告的转体数量。动作界限同时也意味着展示转体的开始和结束。手臂动作与动作界限有很大关系。运动员手臂的开放姿势有助于裁判员识别其转体动作的完成。动作界限不应该对时机的评判标准有任何明显的影响。任何一个跳跃动作都可能有清晰的动作界限而没有恰当的时机，反之，动作时机恰到好处但动作界限不清也是可以理解的。

　　bF 动作：直体后空翻转体 360°（直体后空翻以下简称直体）；

　　bdF 动作：直体转体 720°；

　　bFdFF：直体后 360°接直体转体 720°接直体转体 360°；

　　dFFF：直体转体 720°接直体转体 360°接直体转体 360°；

　　bRuRuF：直体转体 540°接直体转体 540°接直体转体 360°；

　　H/HI：即自由姿势或直体转体 180°；

　　动作组合：运动员为完成比赛规定而选择的两个不同的动作；

　　RNS：不得分。

　　时机：时机指是运动员在某种程度上能够安排好完成动作的时间并为下一个动作做好准备。

标准区域：时钟法判罚标准中的 1 点到 11 点之间的区域。

标准：标准是对重复性事物和概念所做的统一规定，它以科学、技术和实践经验的综合为基础，经过有关方面协商一致，由主管机构批准，以特定的形式发布，作为共同遵守的准则和依据。

（三）研究对象与方法

1. 研究对象

笔者以空中技巧裁判规则中"时钟法判罚标准"为研究对象，以空中技巧其他判罚标准为调查对象。

2. 研究方法

（1）文献资料法：查阅大量国内外有关空中技巧方面的相关论文；查阅国内外有关书籍、杂志、报纸、网络及有关资源；阅览 1996—2008 年有关方面的学术论文，为笔者的研究提供理论基础。

（2）专家访谈法：2008 年 6 月至 2009 年 9 月间，针对"时钟法判罚标准"存在的问题，向中国空中技巧队的教练员、运动员以及国际雪联培训班的讲师进行咨询（表 3-5），获得了第一手资料。

表 3-5　专家情况一览表

内容	专家情况	
职称	教授 5 人	副教授 15 人
学历情况	硕士以上 5 人	硕士以下 5 人
裁判等级	国际级 10 人	国家级 20 人

注：本次咨询的专家含国际雪联官员

（3）录像研究需要，本文收集了空中技巧动作（bFdFF、bdFFF、bRuRuF）部分录像，并对这部分动作进行了剪辑和分析。

四、结果与分析

空中技巧项目起源于 20 世纪 50 年代，时至今日也就短短几十年，而进入冬季奥运会的大家庭也才仅仅经历 4 届奥运会的洗礼，是竞技项目大家庭中的年轻项目。因此，从规则发展的角度看，目前存在的问题是必然的。总体而言，规则的完善与否，对运动项目的发展至关重，是运动项目延续其生命力的重要砝码。

(一) 对"时钟法判罚标准"的认识

1. 空中技巧的动作方向参照体

从表 3-6 的对比可以看出，空中技巧的动作方向也是参照人体解剖学原理，即都包括 3 个基本面，即——矢状面、额状面、水平面；在动作方向的具体形式上，空中技巧动作与体操中的跳马动作异曲同工，都是向前运动并完成空翻或转体。因此，空中技巧动作的实际动作是绕——矢状轴（前后轴）、额状轴（左右轴）、垂直轴（纵轴）或三者的复合轴来进行的动作。

表 3-6 2008 版国际裁判规则关于跳跃动作基础定义的部分内容

序号	基础定义	空中技巧规则定义的内容	体操规则定义的内容
1	矢状轴	贯通人体上下，从头到脚，且通过重心	人体运动有矢状面、额状面、水平面；体操动作的轴包括矢状轴（前后轴）、额状轴（左右轴）、垂直轴（纵轴）或三者的复合轴
2	额状轴	贯穿人体左右，从一侧到另一侧，且通过重心	
3	垂直轴	贯穿人体前后，且通过重心	

2. 空中技巧动作方向

从体操动作方向的确定得知，体操动作的基本方向是指动作与人体基本面平行或垂直的指向。它具体的方法是依据相对人体

111

直立时的方位而定的，而且当人体方位改变后，动作的方向的确定是相对于直立时的方向来确定的。

从空中技巧动作的实际情况看，它的是依据运动员滑行的方向而定，即顺着滑行的方向就是前面，而背对着滑行的方向就是后面；如果以跳台为参照的话，运动员向跳台滑行的方向就是前，反之为后。

3. 空中技巧动作周际界定

由于可以确定空中技巧动作运动的运动方向，因此空中技巧运动员完成动作的空翻周际就很容易界定了，即运动员身体垂直于地面就是每一周空翻的最佳结束时相，此时正好是 12 点（图 3-2、图 3-3）。

黑色箭头：代表运动员的飞行方向；

12 点：代表运动员完成每一周动作结束时最佳位置。

图 3-2　空中技巧时钟法周际空翻界限

4. 2006 年以前"时钟法判罚"的核心内容——对第一周动作时相的限定

从图 3-4 可以明显看出，运动员起跳时，就已经向后翻转了近 90°的空间。

以运动员最后结束动作时相 12 点为例，其实际完成的空间时相为从 12 点到 9 点之间（逆时针方向区域），大约 270° 的空间。

这就有一个疑问：在不足一周的时空条件下，要求运动员必须满足最早在 1 点发动转体，且 11 点结束转体是否可行呢？

我们调查了所有第一周转体 360° 和超 360° 以上转体动作，结果表明，根本不可能有运动员在 270° 左右的空间范围内完成超 360° 以上转体动作，且满足"标准区域"空间限制的要求，尤其是完成 720° 以上的转体动作，更是根本不可能的。

粗线实线区域：从 1 点到 11 点的区域，即标准区域；

黑色箭头：代表运动员的飞行方向；

1 点：代表运动员发动转体的时机；

11 点：代表运动员结束转体的时机

图 3-3　空中技巧时钟法所限定的空间区域

图 3-4　运动员起跳出台瞬时的状态及第一周实际翻转空间示意图

5. 2006 版"时钟法判罚标准"的变化

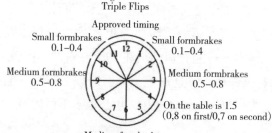

图 3-5　2006 版"时钟法判罚"标准的变化示意图（三周空翻）

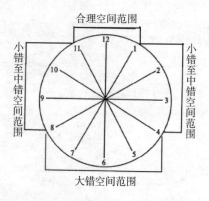

图 3-6　2006 版"时钟法判罚"扣分区间示意图（三周空翻）

从图 3-5、图 3-6 可以看出，这个图最大的变化是量化了"时钟法判罚"扣分标准，其限定的区域如下：

标准区域（Approvertiming）：1 点到 11 点之间区域，这个是时钟法判罚的标准核心空间区域；

小错（Smallformbrakes）：1 点到 2 点之间区域，扣 0.1～0.4 分；

中错（Mediumformbrakes）：2 点到 4 点之间区域，扣 0.5～0.8 分，

其中在水平位扣 1.5 分（其中第一周扣 0.8 分，第二周扣 0.7 分）；

大错（Majorformbrakes）：4 点到 8 点之间区域，扣 0.9 ~ 1.6 分，其中在垂直位 6 点扣 2.5 分（其中第一周扣 1.3 分，第二周扣 1.2 分）。

这个标准的出台时间是 2006 年冬季奥运会后，是国际雪联在裁判员培训班中针对"时钟法判罚标准"的实际争议做出的相应修改。

通过仔细分析 2006 版关于"时钟法判罚标准"的变化，笔者认为虽然此标准较以往有了具体的参照图片。从规则本身看，这个 2006 版的时钟法还在坚持"标准区域"这一罚判核心，只是将运动员实际完成动作的空间重新进行了相应量化而已。

本次"时钟法判罚标准"变化最明显的不同在于——增加了附加扣分，即如果运动员的结束动作时机达到 3 点或 9 点将累计扣分到 1.5 分；如果运动员的结束动作时机达到 6 点，将累计扣分到 2.5。

从这个角度分析，2006 版"时钟法判罚标准"的变化实际上加大了处罚力度：从同一动作相邻的两周空翻中各扣除相应的分值——附加扣分，即第一周结束时机晚将被扣掉相应分值。同时，第一周结束时机晚也就意味第二周动作起始时机也晚，也相应扣掉第二周起始动作时机晚的相应分值。

6. 最新版"时钟法判罚标准"——即"象限法判罚标准"

从表 3-7 可以看出，最新版的裁判规则提出了"早转体"这一条款，其依据是以"时钟法判罚标准"为蓝本。

表 3-7　早转体规则的内容

序号	标准	内容
1	提早结束转体不应受到判罚	运动员可以尽可能早地完成转体。这会给他们时间准备下一个动作和轻松地展示明显的动作界限
2	转体时机	提早开始转体（大约在时钟 12 点的 1 / 4 处）是可以接受的（不扣分）

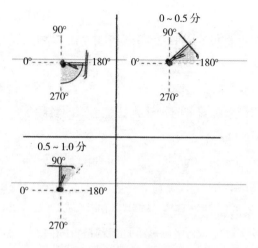

图 3-7　早转体示意图

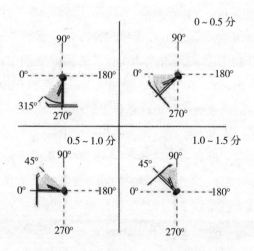

图 3-8　两周空翻转体结束时机示意图

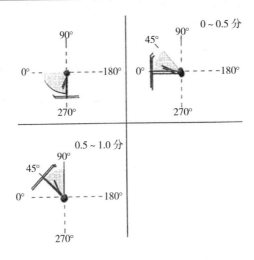

图 3-9 三周空翻转体结束时机示意图

从图 3-7、表 3-7 的内容分析可以看出，这个早转体规则已经打破了原有的"时钟法判罚"标准的要求，提早转体大约在时钟 12 点的 1/4 之处，那就是意味是 3 点（或 9 点），这实质是以一个圆周的四个象限的临界为标准进行判罚。

但从图中不难发现，这个"象限"临界处的判罚标准在 2006 版"时钟法判罚标准"中将被判为中错，如果是两周以上动作还要附加累计扣分。所以说，早转体时机说明了"时钟法判罚标准"已经突破了"标准区域"的限制，开始放宽判罚标准。

从图 3-8 和图 3-9 的扣分区域对比可以看出，这个最新版的"时钟法判罚标准"是以 12 点的 1/8 为限。以两周动作结束时机为例，即运动员结束转体时机在 1 点之后到 3 点之间才算是小错，扣 0.5 分，而接近 4 点多的位置才扣 1.0 分。总体而言，三周空翻转体时机较二周空翻转体时机要晚 45°，即三周空翻转体结束时机的标准放宽尺度较大。

总之，最新版的"时钟法判罚标准"的"标准区域"不再是苛刻限制，而是总体上放宽了较大的尺度，特别是在 4 个"象限"的临界处，其判罚标准具有明显的代表性。因此，本文将放宽了的"时钟法判罚标准"定义为——"象限法判罚标准"。

7. 关于"动作界限"的规定

从表 3-8 和表 3-9 所述内容可以看出，关于"动作界限"的界定，其实质是对放宽"时钟法判罚标准"做出的一个"附加限制"，这是在放宽"标准区域"要求的前提下，要求运动员的整体及单周动作要更加规范。裁判员在判定运动员动作时，先以动作的周际为标准对运动员动作的完成情况进行整体档次认定。

纵观历年来国际规则关于时钟法判罚标准的演变，应该说最新版"时钟法判罚标准"打破了原有标准判罚的单一性，即只以"标准区域"来限定运动员的空翻界限；现今的"象限法判罚标准"实质是对评定运动员空翻的方向、运动员空翻周际即时位置以及运动员动作整体表现的一个相对评价标准。

表 3-8 动作界限内容

序号	内容
1	动作界限指的是运动员能够清晰展示每个动作的开始和结束，即每个空翻动作中宣告的转体数量。动作界限同时也意味着展示转体的开始和结束。手臂动作与动作界限有很大关系。运动员手臂的开放姿势有助于裁判员识别其转体动作的完成
2	动作界限不应该对时机的评判标准有任何明显的影响。任何一个跳跃动作都可能有清晰的动作界限而没有恰当的时机；反之，动作时机恰到好处但动作界限不清也是可以理解的

表 3-9　动作界限评分标准

序号	评分内容	扣除分数	最高分
1	动作间没有清楚的界限	1.0	4.0
2	单个动作可明确界定但动作界限不明显	0.5	4.5
3	动作界限明显	0	4.5以上，最高5.0

注：1.给分差距只有0.5分。不可以少于0.5分（如0.3分）或多于0.5分（如0.7分）。
2.任何跳跃动作界限只扣分一次（不是在第一周和第二周之间扣1.0分；在第二周和第三周之间扣1.0分）。

（二）空中技巧"时钟法判罚标准"存在的问题分析

"裁判规则是竞技场上的尺子，是衡量运动员竞技表现的一杆秤。"在相对公平的环境下，运动员竞技水平的高低就是凭借这杆"秤"来评定。但空中技巧项目发展历程中的很多事实告诉我们，任何事物都是两方面的，这个"时钟法判罚标准"确实存在一定的问题，甚至一度影响到空中技巧运动的持续发展。为确定"时钟法判罚标准"的演变历程，笔者走访了国际雪联的专职官员，得到的定性答复是："时钟法判罚标准"一直以来都只是在国际裁判员培训班中以约定俗成的非正式条文形式出现，真正形成明确的国际规则条款，只在最新版的2007年国际规则中得以落实，但针对这一评分标准的争议仍然存在。

由此可见，"时钟法判罚标准"的成长历程，实际上也是国际雪联对这一标准的认识提高过程，即经过多年的现实与理论磨合，才最终上升为明确的国际规则条文。但不可否认的是，世界上任何事物都是发展变化的，"时钟法判罚标准"的演变历程也是如此。这个标准还在伴随着人们认识水平不断提高的过程中发展变化。

1. "时钟法判罚标准"中"标准区域"的界定有悖空中技巧运动的发展规律

在空中技巧的实际判罚过程中，运动员最大困惑就是1点到11点这个"标准区域"的限定，曾有国家的运动员将这个"标准区域"视为"恐怖区域"，并声称这个"时钟法判罚标准"在某种程度上扼杀了空中技巧的观赏性。

在2006年以前的历届奥运会中，运动员为取得优异成绩，都采用了"规避风险"的战术手段，即在动作组合中，尽量避免出现第一周完成720°或720°以上转体动作。

表3-10 近3届冬季奥运会男子空中技巧决赛中冠军、亚军动作组合

奥运会	冠军动作组合	亚军动作组合
第18届冬季奥运会	bFdFF/bdFFF	bFdFF/bLdFF
第19届冬季奥运会	bdFFF/bdFdFF	bFdFF/bdFFF
第20届冬季奥运会	bFdFF/bLdFF	bFdFF/bdFFF

表3-10反映出了近3届冬季奥运会男子空中技巧运动员的动作组合情况（第19届完成冠军是因为成功完成了bdFdFF而夺冠）。笔者非常有幸参加了这3届奥运会，曾就动作组合问题专门咨询了这3届冬季奥运会的冠军、亚军，得到的反馈信息是：动作组合必须要考虑战术成分，即都要刻意避免选择第一周dF类动作以免遭"时钟法判罚标准""标准区域"限定重罚的可能。甚至这些冠、亚军即使取得了好成绩，也要流露出无奈选择动作组合的态度。

表3-11 2届奥运会男子空中技巧决赛bdFFF动作得分情况统计

奥运会	最高、最低分	平均分
第19届冬季奥运会	6.8/5.2	6.26
第20届冬季奥运会	6.3/5.5	5.96

注：统计人数为决赛12名运动员所做的bdFFF动作

通过调查第 19 届、20 届男子空中技巧决赛 12 名运动员 bdFFF 动作的得分情况发现（表 3-11），所有选择这一动作的运动员的成绩都相对较低。那么运动员实际完成动作的真实情况到底如何呢？笔者通过比赛现场观察和事后对比赛录像的分析发现，很多运动员的实际动作质量，除了不能满足"时钟法判罚标准"那个"标准区域"的要求外，其他方面可以说接近"标准区域"要求完美。例如，捷克选手在第 19 届冬季奥运会空中技巧决赛中超水平发挥，成功完成当时世界最难动作 bdFdFF 动作，其中第一周 dF 转体结束时机如下。

虽然这名捷克选手最终拿到了冠军，但他第一周动作结束时机也并未十全十美地严格遵守"时钟法判罚标准"的要求，只不过他结束第一个 dF 动作时空中时相更接近 11 点这个"标准区域"的要求罢了。如前所述，历史和现实都证明了运动员在第一周空间时相只有 270° 左右的前提下，完成 dF 类转体动作是无法达到"时钟法判罚标准"中"标准区域"限定要求的。因此，在空中技巧裁判中坚持执行"时钟法判罚标准"是明知不可为而为之的无奈之举！针对运动员第一周使用 dF 类转体动作时坚持执行"标准区域"的判罚，对空中技巧运动的发展没有起到应有的促进作用，这种不顾事实的判罚是有悖于空中技巧运动发展规律。

2. "时钟法判罚标准"始终无法避免动作界定判罚的"歧义性"

截至目前，关于"时钟法判罚标准"在动作界定方面存在歧义性的客观事实，始终是空中技巧界一个悬而未决的历史问题。

造成运动员动作界定判罚歧义性的实质根源在于——"时钟法判罚标准"的"标准区域"不能准确界定空翻动作的性质。即按"时钟法判罚标准"所界定的动作起始界限对运动员动作性质进行判定，必然会引起不同技术动作界定的歧义现象，进而还会引发运动员动作组合的选择歧义现象（表 3-12、表 3-13）。

表 3-12 bdFFF 动作和 bRuRuF 动作内容对比

序号	动作名称	动作内容	两个动作转体度数的差异
1	bdFFF	直体 720° 接直体 360° 接直体 360°	两个动作总转体度数相同；第一周转体相差 180°；第二周转体相差 360°；第三周转体度数相同
2	bRuRuF	直体 540° 接直体 540° 接直体 360°	

表 3-13 国际规则关于不同动作定义的内容

序号	不同动作条款	定义内容
1	非空翻无转体动作	完成的动作数量或种类有变化
2	非空翻有转体动作	转体圈数有变化
3	空翻动作	从前空翻到后空翻的变化或相反；动作数量不同；空翻周数相同但转体度数不同；转体度数相同但空翻周数不同
4	两周以上空翻转体的特别规定	完成空翻周数和总转体度数都相同的两次跳跃动作时，在其相应的某一周空翻中，转体度数应差至少 360°

4. 动作界定的歧义判罚

关于"时钟法判罚标准"最经典判罚的歧义案例是针对 bdFFF 动作和 bRuRuF 动作的判罚。空中技巧裁判员在实际执法判罚过程中，经常出现无法准确量化两个动作差异的现象。

首先，这两个动作都是三周空翻，总的转体度数均为 1440°；且 bdFFF 动作和 bRuRuF 动作在第二周转体度数相差 360°。

其次，依据国际规则关于不同动作的认定标准，可以明确区分这两个动作的本质不同，那为什么还会存在裁判判罚的歧义性呢？经分析，歧义性判罚最核心的问题就出在第一周转体结束时机和发动第二周的转体动作的时机上，即当运动员要完成第一周转体即将进行第二周转体动作时，运动员此时身体到底转体了多少度，bdFFF 动作、bRuRuF 动作和前两周转体结束时机示意图（图 3-10～图 3-12）如下：

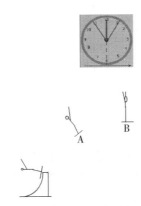

图 3-10　标准 bdFFF 动作第一周转体结束和第二周转体结束时机示意图

　　A：第一周转体 720°标准结束时机，背对跳台；

　　B：第二周转体 360°结束时机，基本为 12 点位置

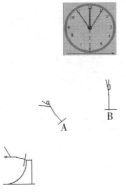

图 3-11　标准 bRuRuF 动作第一周转体结束和第二周转体结束时机示意图

　　A：第一周转体 540°标准结束时机，面向跳台；

　　B：第二周转体 540°标准结束时机，基本为 12 点位置

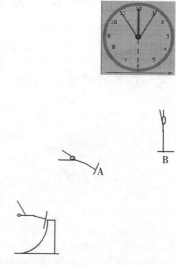

图 3-12 非标准 bdFFF 动作第一周转体结束和第二周转体结束时机示意图

A：第一周转体 720°非标准结束时机，接近 9 点位置；

B：第二周转体 360°标准结束时机，基本为 12 点位置

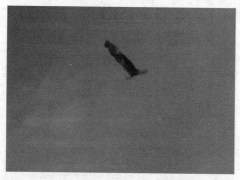

图 3-13 （加拿大运动员）

（注：运动员飞行方向为从右至左）

图 3-13 第 19 届冬季奥运会 2 名美国选手及 1 名加拿大选手 bdFFF 动作第一周 11 点方位动作时相图

从图 3-13 对比我们可以看出，在第 19 届冬季奥运会男子空中技巧决赛中，1 名加拿大选手第一周结束转体的时机是远离"标准区域"的，即在 11 点这一界限之外。而 2 名美国选手的 bdFFF 动作在第一周完成 dF 动作已经严重违背"时钟法判罚标准""标准区域"的判罚要求，因为在 11 点的时相上，两人都是刚转体 540°，尚有 180°的转体度数待转才能达到第一周转体 720°的要求，按裁判规则判罚应属重大失误之列。

因此，依据"时钟法判罚标准"，加之国际雪联"不同动作定义"的要求，2 名美国选手 bdFFF 动作可界定为 bRuRuF（直体转体 540°接直体转体 540°接直体转体 360°）动作。如果这样判罚，实质上是认定运动员改变了动作性质，且还可能影响到其动作组合的界定。

从图 3-10、图 3-11 的示意图可以看到，判断运动员完成的是什么动作，最终的标准是以"时钟法判罚标准"的"标准区域"来衡量的，即标准的 bdFFF 动作第一周结束时必须是背对跳台，而 bRuRuF 第一周动作结束时则必须面对跳台。笔者从运动员录像资料和比赛现场观察，运动员完成第一周 720°转体动作时，都无法达到"标准区域"的要求限定，实际上，很多运动员都是接近 9 点的时候才完成第一周的转体，详见图 3-14。

这样，就会在理论和现实中都存在一个可能——即在 12 点到 9 点之间，当运动员实际完成转体 720°和转体 540°时，特别在依据"时钟法判罚标准"的"标准区域"前提下，就存在在某些时相上运动员完成转体 720°和转体 540°动作时存在转体相同度数的情况发生。

图 3-14　黑色箭头线　　　　　图 3-15

黑色箭头线：运动员飞行方向。

图 3-13bdFFF 动作和图 3-15bRuRuF 第一周转体结束时机重叠（12 点到 9 点）区域。

情况一：如图 3-13 所示，由于 bdFFF 动作第一周 dF 动作结束时很可能已经接近 9 点时相，而 bdFFF 动作在 11 点这一"标准区域"的临界状态却完成可能像标准图 3-15bRuRuF 的动作第一周一样只完成 540° 转体。

此时，依据"时钟法判罚标准"评定，我们完全可以认定运动员第一周完成的转体是 Ru 动作而非 dF 动作，这就是歧义判罚！特别是 2008 版的"时钟法判罚标准"，由于"标准区域"已经放宽到 9 点才开始扣小错分 0～0.5 分；因此，新版的"象限法判罚标准"更加无法准确判定动作界限。

情况二：同理，bRuRuF 动作在顺利完成第一周动作后，也完全存在到达 9 点时相转体 180°，即形成在 9 点时相附近完成转体 720° 的事实。此时依据按"时钟法判罚标准"完成可以认定运动员完成的第一周动作是 dF 而非 Ru，如果参照新版"象限法判罚标准"也是更容易产生这种歧义判罚。

综合上述两种情况，针对现有的"时钟法判罚标准"来判定 bdFFF 动作和 bRuRuF 动作，则必然会产生歧义现象——即必然出现同一标准无法判定两个不同动作的客观事实。

（三）动作组合的歧义判罚

由于 bdFFF 动作和 bRuRuF 存在事实上的歧义界定现象，因此，将直接导致运动员在动作组合方面的歧义问题。

例如，某运动员可以充分利用裁判规则无法判定 bdFFF 和 bRuRuF 差别的客观事实，故意将 bdFFF 动作申报为 bRuRuF 动作，这样与另一难度动作 bLdFF 可以分别形成两个不同的动作组合——即 bdFFF、bLdFF 和 bRuRuF、bLdFF，且这样动作申报完全符合国际规则要求。

其实，针对运动员而言，这种利用规则做法倒是无可厚非的，但实际上却给裁判员出了一个不小的难题——到底如何界定 bdFFF 动作和 bRuRuF 动作的差别呢？因此，由于无法准确判定 bdFFF 动作和 bRuRuF 动作的区别，则必将导致动作组合的歧义现象发生。在空中技巧实际的比赛过程中，确实有部分选手申报 bRuRuF 动作。

表 3-14　bdFFF 动作和 bRuRuF 动作难度系数对比

序号	动作名称	动作内容	难度系数
1	bdFFF	直体 720° 接直体 360° 接直体 360°	4.525
2	bRuRuF	直体 540° 接直体 540° 接直体 360°	4.450

如表 3-14 所示，于 bdFFF 动作难度系数比 bRuRuF 难度仅仅高出 0.075，依据旧版"时钟法判罚标准"，前者因第一周转体结束时机无法达到"标准区域"要求，至少要被扣掉中错的分，如果按新版"象限法判罚标准"也存在扣小错的可能。后经调查和分析，那些申报 bRuRuF 动作的选手大多出于战术考虑和顾虑"时钟法判罚标准"的"标准区域"限制，运动员在动作的选择上也是迫不得已才将 bdFFF 动作视作 bRuRuF 动

作申报。

（四）"时钟法判罚标准"的发展

1. 关于"时钟法判罚标准"调整应遵循的原则

（1）必须遵循统一性原则：标准是对重复性事物和概念所做的统一规定。因此，"时钟法判罚标准"就是空中技巧裁判领域有关各方"共同遵守的准则和依据"。所以，无论怎样调整"时钟法判罚标准"，都必须遵循标准的统一性原则。

（2）必须坚持重复性原则：标准制订的对象是重复性事物和概念。这种"重复性"是指事物处于相对稳定条件下的再现。"时钟法判罚标准"针对的事物是运动员重复的动作，而且由于运动员的动作特性和比赛条件基本相对稳定。所以，实质上"时钟法判罚标准"所述内容遵循了制订标准的重复性原则，依据重复性原则调整"时钟法判罚标准"可减少不必要的重复劳动，且可以扩大"时钟法判罚标准"重复利用的范围。

（3）必须遵守客观性原则：标准产生的客观基础是"科学、技术和实践经验的综合成果"。这就是说标准既是科学技术成果，又是实践经验的总结，并且这些成果和经验都是经过分析、比较、综合和验证基础上，加之规范化，最终制订出相对稳定的标准来。"时钟法判罚标准"本身也是经过多年的运动训练及比赛实践检验才最终出台，从其本身角度出发是具有一定科学性的，但客观实践中的很多事例已经明确表明，"时钟法判罚标准"在某些方面的确有不尽如人意之处。因此，"时钟法判罚标准"的调整必须遵守客观性原则，还事物发展的本质面目，使之更具科学性。

（4）必须遵循民主性原则：标准的制订程序实质是有关各方协商一致的过程。由于目前空中技巧规则的修订主要由国际雪联负责，因此建议雪联在制定裁判标准时要发扬技术民主，与有关方面协商一致后再出台相关条文，这样制定出来的标准才既避免了争议现象又具有权威性、科学性和适用性。

2. 关于进一步完善"时钟法判罚标准"的具体策略

（1）完善"时钟法判罚标准"的前提：关于完善"时钟法判罚标准"，笔者认为，在坚持如前所述的原则条件下，完善"时钟法判罚标准"必须有一个良好"铺垫"，即效仿现行体操裁判形式，将空中技巧裁判员划分成 A、B 两组，A 组只负责判定运动员完成动作的质量（主要是姿势、高度、远度）；B 组裁判依据裁判规则中的重要标准——"时钟法判罚标准"进行动作时机、动作界限的扣分，其中重中之重的工作是对运动员的动作进行界定。这样分工的最大好处是，简化了裁判员的工作量，同时精确了裁判的工作任务，特别是非常有利于 B 组裁判员集中精力去进行动作界定。

（2）完善"时钟法判罚标准"的具体内容：效仿体操等项目的动作界定方法，对运动员第一周采用 720° 或超 720° 的转体的两周或三周空翻，允许运动员第一周未转完的角度带到第二周中完成，第一周转体最晚结束时相为 6 点，即在 6 点这一时相前完成第一周转体动作均不受罚；由于第二周转体承载了第一周尚未完成的转体度数，因此第二周的转体结时机最后时机相只能限定在 12 点。

我们以自由操后空翻两周转体 360° 动作为例：体操运动员在完成该动作时实际上采用了两种做法，一是在第一周空翻同时加转 360°；二是第一周空翻不转体，在第二周时转体 360°。事实证明，运动员只要符合在两周空翻的前提下转体 360° 即可，没有明确要求这个 360° 转体动作必须在哪一周完成。

我们再以空中技巧 3 周动作为例：空中技巧运动员从起跳瞬时开始到着陆为止，其实际完成的空翻动作并不是完整的 3 个整数周，而实际划分空中技巧空翻动作周数却是按 3 个整数周进行的；关于运动员的转体度数，在空中技巧运动中，运动员完成的实际转体度数一定是 180° 的偶数倍（非转体类空翻动作除外）。最突出的地方是：在空中技巧动作非完整空翻周数的前提下约束运动员完成每一周动作的起始时机及结束时机。

从上述对比，笔者发现如下问题：

既然在空中技巧运动中没有完整的空翻"整数周"概念，为什么非要约束运动员转体起始及结束时机呢？那些所谓限定运动员转体时机的"特殊时相"，不也隶属于没有完整的空翻"整数周"中的某一时相吗？

针对空中技巧动作第一周时空条件有限的客观事实，那么，运动员第一周未完成的转体度数被带到第二周中完成，且并没有影响第二周的转体动作，只要最终运动员完成了申报动作相应的转体度数，最终成功着陆，难道就不是一次完美的动作吗？由于空中技巧动作最终比较的实质是——运动员必须在不完整的"整数周"中完成 180° 的偶数倍转体动作。

因此，笔者认为，空中技巧的判罚标准应把重点落实在动作的方向、动作姿态以及运动员实际完成转体度数和效果的评价上。如果真是这样评价运动员的动作，就可以达到两个功效：一是运动员不会再担心自己是否完成某一所谓的时相必须完成的转体度数；二是裁判员也不会针对某一时相判定两个动作出现歧义现象。所以，笔者认为，如果运动员的第一周转体度数是 720° 或超 720°，则应主动放弃"时钟法判罚标准"的限制，把第一周转体动作最晚结时机放在 6 点时相上，即只要运动员在 6 点时相之前完成第一周转体度数就不扣分，而把评分重点放在观察和评判运动员在第二周最晚结束时机 12 点这一时相前，运动员是否很规范地完成了前两周的申报转体度数，如果顺利完成，则只从动作姿势、动作方向进行扣分即可。

当然，这可能会产生另外的疑问——既然放松了对第一周的限定，那么会不会改变运动员动作性质的认定呢？例如，运动员采用 bFdFF 和 bdFFF 动作组合，针对第一周 dF 放宽标准，那运动员在完成 bdFFF 动作时就可以在第一周只转体度数 F，然后把第一周尚未完成的转体度数 F 带到第二周，就会实际形成第二周动作是 dF 的客观事实。那么运动员申报的动作组合其实就只是一个动作了。其实，判定运动员完成的动作类型，有经验的裁判员可能只凭一个指标就可以准确无误地认定——动作节奏。

bFdFF 和 bdFFF 这两个动作的完成节奏是截然相反的，如真有运动员敢钻政策放宽的空子，那只会遭到裁判员的重罚。

针对第一周非转体或第一周转体不超 540°的两周空翻和三周空翻，应坚持执行旧版"时钟法判罚标准"的"标准区域"判罚要求，且 12 点这一时相为第一周转体结束的最后时机。

虽然空中技巧动作是通过跳台起跳来完成动作，但从对动作的方向和周数界定来看，以相对垂直的地面来界定完整周数是比较合理和方便的方式，以时钟 12 点为限，更能说明运动员动作的周数界限。

从运动实践来看，运动员完成第一周为非转体动作或转体不超 540°的动作，实际的时空条完全满足运动员完成动作的需要。因此，必须严格执行"时钟法判罚标准"的"标准区域"规定，而且还要加大判罚力度，将 11 点到 12 点的"标准区域"取消，只保留 1 点到 12 点的"标准区域"，在 12 点这个时相判定运动员第一周结束时机，简洁明了且非常利于裁判员观察。

笔者针对世界各国运动员第一周采用 Ru 动作的情况进行了

专门调查。据调查，目前世界上只有 2～3 个运动员第一周跳 Ru 动作，因此强化"时钟法判罚标准"并不影响这部分运动员第一周选择 Ru 动作，而且在一定程度上还会避免动作歧义认定现象的发生。

针对无论第一周非转体的两周空翻和三周空翻，其第二周结束时机必须严格限定为 12 点这一时相，这样限定可以把运动员的两周或三周空翻划分得清清楚楚，此举强了旧版"时钟法判罚标准"对"标准区域"的规定（图 3-16）。

运动实践的统计数据表明，空中技巧运动员第二周动作的结束时机基本都能满足"时钟法判罚标准"的要求，这是因为运动员会通过对动作节奏的控制来合理分配完成动作所需要的时空条件。因此，在运动员在第二周、第三周的转体结束时机方面基本不会出现问题。

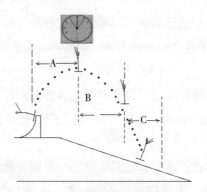

图 3-16　空中技巧周际划分示意图

A：第一周；B：第二周；C：第三周

五、结论

（一）结论

（1）旧版"时钟法判罚标准"对运动员完成第一周转体动作

结束时机的限定有悖客观事实，但对同一动作的其他周空翻的周际界定没有实质性意义。

（2）旧版"时钟法判罚标准"较适合第一周为非转体类的空翻动作的界定。

（3）新版"象限法判罚标准"实质是放宽条件的旧版"时钟法判罚标准"；三周空翻转体结束时机限定的时相较两周空翻转体结束时机限定的时相要大45°，即三周空翻放宽的尺度更大。

（4）到目前为止，新、旧两个版本的"时钟法判罚标准"都无法避免实际动作界定过程中存在的歧义现象，进而引发动作组合界定的歧义问题，且新版的"象限法判罚标准"在某种程度上加大了动作界定歧义判罚的可能性。

（二）建议

（1）建议国际雪联为更好地执行"时钟法判罚标准"，实行A、B职能裁判分组形式评分制度，以便更有利于裁判员对运动员的动作进行界定和判罚。

（2）建议国际雪联针对不同类型的空中技巧动作细化"时钟法判罚标准"，并做到区别对待。

（3）建议国际雪联将裁判评分的重点放在运动员的实际转体度数及整体效果上。

第三节　对我国自由式滑雪空中技巧运动员三周动作着陆成功率影响因素的研究

笔者通过文献资料法和专家访谈法对国家自由式滑雪空中技巧运动员三周动作着陆影响因素进行研究。结果表明自由式滑雪空中技巧运动员三周动作着陆成功率受技术和非技术因素的影响很大，导致运动员着陆成功率很低，直接影响着运动成绩。此结果可以为教练员及运动员今后的运动训练提供理论上的参考依据[14]。

自由式滑雪空中技巧运动是体操翻腾技术和滑雪技术的完美结合，动作在一定的高度下完成，在动作的完成过程中要求"稳、难、准、美"，因此是一项技术性很强、具有很高的观赏性和艺术表现力的体育运动项目。由于动作的难度和美感在运动员的比赛成绩中占有非常重要的地位，因此中国在20世纪80年代末和20世纪90年代初开展空中技巧项目的同时，有关运动生物力学的学者专家就介入了该项运动的技术攻关与服务，并立项参与了18届、19届和20届冬季奥运会的科技服务与攻关，在技术攻关与服务中运用运动生物力学的基本理论对该项目的动作结构的内在力学规律进行研究探讨，为该项运动成绩的快速提高提供了科技保障，受到运动员和教练员的肯定和欢迎，促进了该项体育运动事业的发展，且此项目也具有极大的潜力，同时也被越来越多的人所认识，然而自由式滑雪空中技巧也是个偶然性非常大的竞技体育项目，之所以偶然性大，主要是指其着陆瞬时情况多变，在比赛中选手动作质量几乎相差无几。究竟谁能胜出，往往由着陆稳定性来决定。因为裁判的评分是有章可循的，基本上是"对号入座"。从表面上看，着陆这部分动作环节的质量分只占整个动作质量分的30%，但它的好坏并不仅仅决定这30%的分数，还直接影响到5位姿势裁判员手里所掌握的其余70%的起跳腾空与空中动作质量分。这是因为5位姿势裁判员在打分

[14] 郑非.自由式滑雪空中技巧项目着陆关键技术转动惯量控制研究[C]//中国体育科学学会.第十一届全国体育科学大会论文摘要汇编.[出版者不详],2019: 4441-4443.

时不仅根据起跳腾空及空中翻转动作的质量，还紧密结合着陆情况来给姿势分"定格"。一般来说，在世界大赛中，如果着陆失败，姿势单分很难超过 6 分，甚至常常定在 5 分以下。而较好的着陆往往其单分均值也在 2.5 分以上，倘若失败则会成倍下跌。而着陆失败，往往须逆向循序找原因，其顺序是：着陆动作本身—准备着陆动作—空中翻转—起跳出台—助滑上台—出发点的选择。

　　除受上述技术因素影响之外，自身能力因素（包括运动员身体素质及其个人的自然条件，肌肉力量特征以及心理状态的好坏等）的影响，腿部力量大小及落地时的体位角、场地及天气（风向、风速），以及教练员指挥上等非技术因素也影响着陆稳定性，并直接决定着陆的成功率。

一、技术因素的影响

（一）出发点的选择

　　空中技巧是户外雪上的比赛项目，助滑速度受雪质、雪温、气温、天气（风向、风速）、助滑坡角度等自然因素的影响，这些自然因素不是运动员意志能控制的，像雪质就是在相同国家，相同时期也不尽相同，风向、风速、助滑坡角也会因不同国家，不同场地而不同。运动员每到一个地方都要有一段时间适应场地，滑台测速。那么运动员在助滑阶段能控制的是自己助滑起点和助滑技巧，在空翻之前一定要进行速度测定，以决定自己的出发位置，空中技巧比赛中，只要是在助滑坡内，就允许运动员自由选择出发点位置，所以能够选择恰当的助滑起点很重要。

（二）起跳的技术

　　起跳是指从运动员进入跳台过渡曲线时开始，到双板尾离开跳台时为止。起跳技术是指运动员跳跃开始时的动作形式，即离台瞬间运动员及时伸展身体的动作。在空中技巧裁判手册中，起跳技术仅占 1 分，但是起跳技术的好坏直接影响到空中动作和着陆。首先，起跳是助滑与空中翻转动作的桥梁，是决定整个动作成败的关键。其次，起跳是空中翻转动作的主要动力来源。最后，起跳直接影响到着陆的稳定性，如着陆过程中出现的横向飘移、翻转过度或不足等都跟起跳有一定的关系。因此，起跳在空中技巧中是非常重要的。

比如台上过早转体现象。早转肯定是错误的。首先，它影响起跳速度和力量，因为运动员过早把腿部的蹬伸力量分配给转体，会使出台后身体重心合速度不够，造成空中停留时间短，对空中动作的完成不利，另外，也会使着陆点离额头处太近，甚至落在平台区。其次，影响空中运动轨迹的方向，因为过早发生转体容易使雪板出台前发生向左偏斜，由于受到台面的约束。即使出台前雪板不发生向左偏斜，但上体过早左转，也会使空中发生上体转速快于下肢，身体呈"S"形。过晚转体指身体接近出台瞬间，运用惯性转体起跳方式，配合手臂的不对称挥摆，来产生较大的初始转动力矩。这时由双脚内外侧蹬伸产生的转体力矩，并没有马上表现出来，由于生理上原因，人体发生转体需要一定的"反应时"，虽然非常短暂，但出台瞬间也是很短暂的，等脚内外侧用力产生的力矩传到人体全身时，这时身体已经出台雪板已向左开始偏斜。由于已失去跳台的约束作用，它已不能改变身体重心的运动轨迹，只改变了人体的转动惯量。又由于人体并不是一个刚体，由脚部产生的转体力矩必然使下肢大于上体，并且下肢与纵轴的距离相对小于上体，使下肢角速度大于上体，从而发生空中转体时下肢角速度大于上体，身体呈"S"形。为弥补这一缺陷，人体用手臂的不对称挥摆来加大上体的转体力矩。为了在空中上下体同步转体，手臂要提早不对称挥摆，使上体先向左转体，这样与下肢蹬伸配合，人体在空中才会发生同步转体，从而使有限的能量发挥更大作用。因此在台上的转体现象都是以上体先转。但这种上体转体需要与脚部发力配合得十分精确，也就是说要掌握好台上转体的时机，否则过早会发生早转错误，晚了就会使初始力矩不充分而影响空中转体的完成，进而影响落地的稳定性成功率。

（三）空中翻转的动作时机

运动员空中翻转的动作时机包括每周纵轴转体的开始时机和结束时机，也包括每周横轴翻转动作的开始时机和结束时机，即所谓的周际过渡标准时机的"11 点到 1 点"，有时也可以说成"1 点到 11 点"。按世界大赛该项竞赛规程，先进行所有报名选手参加的资格赛，其中成绩进入前 12 名者才有资格参加最后的决赛，即前者决定资格，后者决定名次。无论是资格赛还是决赛，每次比赛每名选手只比两跳不同的动作，从助滑到着陆滑出，两跳动作加在一起约 10s；每跳动作得分等于其质量分乘以相应的难度系数；两跳动作得分之和即为该选手最后得分；它是依横轴翻转周数、纵轴转体度数以及每周的身体姿势一定法则计算出。就 bdFF 动作来说，如果运动员第一周转体没有及时结束，势必占用第二周空间，造成运动员第二周动作转体时间发动得晚，其结束时间也会较晚，因为着陆坡坡度为 37°左右，运动员第二周动作的结束理想时机应是身体纵轴垂直于着陆坡，这样着陆成功的机会才会大些，如果转体结束得晚就会使运动员在身体纵轴垂直于着陆坡时完不成动作，只能接着向后翻转，使着陆时发生翻转过度现象，进而影响着陆的成功率。图 3-17 为向后失去平衡的着陆。

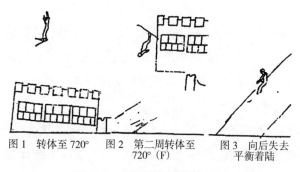

图1　转体至720°　　图2　第二周转体至　　图3　向后失去
　　　　　　　　　　　　　720°（F）　　　　　　平衡着陆

图3-17　空中技巧周际划分示意图

二、非技术因素的影响

（一）自身能力因素的影响

自身的能力也是影响因素之一，包括运动员身体素质及其个人的自然条件，肌肉力量特征以及心理状态的好坏等都决定空中技巧动作的完成情况，在实践中常常看到这样的情况，上三周的运动员往往是纵轴转体技术很差，在二周上发展难度受阻的运动员，其多半不具备相应的身体、技术与心理条件。如果勉强地上三周既不利于顺利发展难度，又容易造成严重伤害事故。就郭心心和李妮娜来说，郭心心的个人条件决定其发展三周技术，而李妮娜只能在二周上发展技术动作。郭心心二周动作不如李妮娜好，而李妮娜要是做三周动作同样不如郭心心强，这就是自身能力因素影响的结果。

（二）速度因素的影响

运动员助滑速度受雪质情况、环境条件、助滑坡度和助滑距离的影响。其中雪质情况包括雪温、雪松软度、表面结晶度，它们都直接影响雪的摩擦系数，进而影响助滑速度；环境条件包括温度、湿度、日照、风速和风向，显然风速和风向直接影响运动员的助滑速度，而温度、湿度和日照条件则会影响雪质，进而对助滑速度产生影响。我们用牛顿第三定律：F=ma，速度公式：$v=v+at$，距离公式：$s=v_0t+\frac{1}{2}at^2$，空气阻力公式：$F_f=\frac{1}{2}\rho C_fAv_f^2$，其中 F 可分解为：$F=F_z-F_x-F_f$，

F_z 为沿助滑道方向的重力。F_x 为逆助滑道方向的雪摩擦阻力。F_f 为逆助滑道方向的空气阻力。在初始速度为 0km/h 的条件下，速度与距离公式分别可简化为：

$v=at$

$s=\frac{1}{2}at^2$

由此可得：$v=\sqrt{2as}$

设定助滑坡度为 a，雪摩擦系数为 β，运动员迎风面积为 A，助滑距离 S，体重为 m，风速为 v_f，风角为 a_f，风阻系数 C_f，空气密度为 ρ，则有：

$F_z=mgsina$

$F_x=mgcosa$

$F_f=\frac{1}{2}\rho C_fA(v+v_fcosa_f)^2$

因此有 $mgsina-mgcosa-\frac{1}{2}\rho C_fA(\sqrt{2}as+v_fcosa_f)^2$

由此式中解得 a，再由 $v=\sqrt{2as}$，即可求得在一定助滑距离下的助滑速度。助滑速度的大小会影响空中动作完成的质量和着陆的成功率。

（三）腿部力量大小及落地时的体位角影响

在完成转体动作中双腿要伸直夹紧，大腿前后肌群、内侧肌群、腰腹肌群要同时用力，使腰部以下保持正直。这样能使动作显得舒展优美。这些动作要点是由动量矩守恒定理抽象出的完成空中转体动作的调整方法要点。落地稳定性是决定胜负的十分重要的动作组成部分，落地阶段在运动员腿部力量够用的条件

下，落地成功与否主要由运动员落地时的体位角决定，因为这届运动员身体还有剩余动量矩，bF类动作落地时身体仍在向后转动，运动员的躯干与着陆坡面垂线的前夹角越小就越易失败。克服人体剩余动量矩主要由重力矩来承担。落地缓冲过程的人体重力矩的取矩中心与运动员的膝踝关节制动能力有关，尤其是当落地时人体的躯干与着陆坡面垂线的前夹角较小时，屈膝后股四头肌群制动不住，造成人体绕膝关节向后转，这时重力矩的取力矩中心为膝关节。若能刹住膝，人体绕踝转动，重力的取矩中心为踝关节。若膝踝关节都能刹住，则人体的重力取力矩中心为雪板的支反力压力中心。压力中心是随转动过程的发展由踝下方向雪板后根移动的过程，最大移到雪板板根。所以训练运动员的下肢肌群的抗冲击能力，制动膝、制动踝肌群快速收缩力，对落地稳定性的实现是有重要意义的。落地时 37° 的着陆坡面到人体重心的距离越大，到踝关节的重力臂越大，所以调大重力臂的措施有：①落地时微屈膝大屈髋能使人体重心相对踝关节前移增大重力臂。用来对付落地初时躯干与着陆坡面的垂线前夹角小的情况。②提高胫骨前肌群肌力，增强足对小腿向前的拉动能力固定踝角，增强股四头肌力，增强膝的抗屈能力，使雪板压力中心后移，增大重力线到压力中心的力臂。③掌握好助滑起跳，使完成空中动作后身体躯干与着陆坡垂线的前夹角大些，使重力臂变大（实测表明 15° ~ 38° 是成功概率较大的角度范围）。上述措施都是能提高落地稳定性成功率的动作调整要点。

（四）风向、风速的影响

通过平时训练和比赛过程中对技术动作的观察统计，发现运动员对风向、风速的变化特别敏感，尤其是对逆风感觉不好，而且技术动作完成不理想，成功率很低，风对自由式滑雪运动员动作效果的影响是巨大的。其影响可能分为两部分；其一是对助滑速度的影响，其二是运动员出台后对技术动作及空中位移的影响。二者比较，后者影响更大，也更复杂。

在考虑风对助滑速度的影响时，第一是风速的作用，风速越大，影响越大；第二是风向的作用，顺风使速度加快，逆风使速度减慢。同时按照国际比赛的惯例，风速较大时，将会停止比赛，以保证运动员的安全，因此风速设置 0~3m/s（四级）。按照空气动力学的原理，自由式滑雪项目中，设定风速条件下，运动员助滑速度远大于风速，因此，风速只是改变空气阻力大小的一部分因素。国内外的比赛场地也有差别，受温度的影响，雪质有很大差别，温度高和低影响雪的质量、摩擦力的大小也不一样。雪摩擦系数随温度变化而变化，在 -20℃左右达到较大值；雪摩擦系数受速度影响，速度越高，摩擦系数越小；压力变化对雪摩擦系数未见显著影响；人工雪摩擦系数略大于自然雪。

（五）教练员指挥上的影响因素

着陆的成功率因素还与教练员的指挥有关，教练员在队员助滑上台以及空中翻转时候喊的声音直接影响运动员做动作，如果声音大、急，给队员的信号就是要马上做这个动作，如果不急那么队员就知道做这个动作要慢慢来。在日常的训练中队员已经适应自己的教练的指挥，在做动作过程中很相信自己教练所发出的信号，然而在国际大赛中，由于场地、气候等诸多原因的影响，运动员在听到发令开始做动作的时候心里有恐惧感，不敢放开做动作，会导致着陆的失败。

三、结论

通过上述分析会发现国家自由式滑雪空中技巧运动员三周动作还存在着陆成功率低的问题，主要是出发点的选择、起跳技术、空中翻转时机、自身能力因素、腿部力量大小及落地时的体位角、风向及风速，以及教练员指挥等技术和非技术因素影响着陆稳定性并直接决定着陆的成功率。因此，教练员在平时训练过程中要加强对运动员的技术训练，在保证动作的各个环节无误的情况下，使技术对着陆影响因素降至最低。并且教练员应多安排队员在恶劣环境中的训练课程，使运动员能适应在恶劣环境下做空中技巧动作。

第四节　自由式滑雪空中技巧项目人体动作模式最优化的实证研究

一、成果的主要内容理论和实践价值

（一）研究成果的主要内容

本研究通过对我国自由式滑雪空中技巧项目备战 2018 韩国平昌冬季奥运会以及 2022 年中国北京冬季奥运会过程中，国家队教练员和优秀运动员所面临的发展瓶颈与提出的问题进行了研究：针对目前自由式滑雪空中技巧项目的发展趋势，发展难度及稳定性势在必行。落地稳定性一直是该项目科研的攻关难点，所以本实验不研究空中翻腾技术动作，只研究助滑、起跳、着陆阶段的一些运动学指标，同时获得助滑距离、助滑速度的数据。bFdF 动作为后空翻 360° 接 720°，难度系数为 3.525，属于女子二周台的主流动作，也为比赛中常用动作。本研究希望通过对优秀运动员在二周台成功完成该动作并稳定着陆时的运动学参数进行统计，并同失败时的运动学参数进行对比，分析此阶段中主要指标在着陆成功和失败下的差异，对运动训练提出建议。

（1）研究对象和研究方法：选取我国自由式滑雪空中技巧女子国家队优秀运动员杨雨作为研究对象。录像采用平面定点测量的方式，使用日本索尼高清摄像机 2 台，采样频率为 50Hz，分别对起跳、落地的正侧面进行定点拍摄，影像资料用美国艾里尔公司产 APASystem 运动分析系统解析，得到动作结构的运动学参数。运用 SPSS16.0 统计软件对所获得的数据进行统计学处理。

（2）研究结果分析：空中技巧 4 个阶段环环相扣，良好的助滑是后继动作高质量完成的基础，且有优秀的空中技巧运动员训练年限相当久，助滑技术都有固定的程式，起跳出台技术趋向自动化，空中的直体空翻靠身体的屈伸来调控翻转角速度的余地非常有限，所以可通过调整助滑效果达到完善起跳的作用。助滑速度受到助滑坡度、助滑距离、雪质情况、环境条件的影响。雪质情况主要体现在雪的摩擦系数上。环境条件包括风速、风向、光照、温度、湿度等，其中风对自由式滑雪运动员动作效果的影响分为两部分：一是对助滑速度的影响，二是运动员出台后对技术动作和空中位移的影响。在比赛中要选择合适的助滑坡度（或高度），从而控制助滑速度。手臂技术分传统"带臂式"与新型"上举式"。"带臂式"是运动员起跳时，双臂由后、经下、经前、向上摆臂，一直在空中技巧项目中占据主流地位；"上举式"分双臂上举技术和单臂上举技术。"上举式"优点有保持起跳稳定性，增加转体力矩，节省运动员空中转体时摆臂所需要的时间。观察到实验中运动员均采用的是"带臂式"技术，不论成功与失败。在着陆成功和失败两种情况下，所选取关键时刻的运动学参数（躯干倾角，肩、髋、膝、踝关节角度，重心水平方向、垂直方向速度及合速度，重心高度）进行正态分布检验与两独立样本 t 检验，并计算均值和标准差。从对测量数据上的分析和运动图像的观察来看，比较着陆成功与失败的起跳技术特征，各运动学指标无数理统计的差异性，但将 P 值由小到大排序发现：下肢膝关节角度成功时平均值为 144.62°，小于失败时的 155.51°，成功时的膝关节屈曲幅度更大，腿部的蹬伸动作更积极，而出台时重力使人产生向后的翻转力矩，充分伸膝一定程度上克服上体后仰，使台面对人体的反作用力线通过重心上方，同时反作用力的加大利于抛射角度加大，腾空时间相对充分。重心垂直速度成功时平均值为 8.97m/s，大于失败时的 8.86m/s，腾空高度是由重心垂直速度决定的，重心垂直速度越大，腾空高度越大，腾空时间也相对延长。成功时肩关节角度与失败时的差别主要与起跳阶段上臂积极的引导动作有关。躯干倾角成功时平均值为 29.29°，大于失败时的 24.80°，成功时的躯干前倾更明显，躯干前倾有助于增加起跳完成时人体重心垂直方向的速度。充分、有力地起跳可以使运动员获得足够的高度和距离，是完成复杂的空中翻转动作的保证，并有相对充分的时间准备着陆。着陆滑出是空中技巧的最后一个运动阶段，FIS 自由式滑雪空中技巧裁判手册中规定着陆包括两部分：一是着陆——准备着陆（考虑在空中动作中）后身体相对于陆坡的位置，雪板与雪面接触冲撞得以较好地缓冲；二是紧跟着接触雪面、冲撞和缓冲地着陆滑出。着陆成绩占总分的 30%，其好坏直接影响裁判对分数的评判。运动员穿着雪板在 37°坡面上着陆，需要良好的着陆技术完成对人体重心的控制。这不仅要求运动员有良好的肌力，还要求运动员有良好的空间感觉。核心肌群在腾空过程中担负着稳定重心、传导力量、缓冲等作用，同时也是整体发力的主要环节，对上下肢体的协同用力起着承上启下的枢纽作用，能够增强在空中时身体平衡能力和落地时的稳定性。训练运动员有强大的腰屈伸爆发肌力是落地稳定性控制取得长足进步的最重要因素，以腰腹肌、股四头肌、胫骨前肌最为关键。空间感觉的好坏决定着运动员能否准确地判断身体在空中所处的位置。空间感觉差的运动员在空中做动作时，往往翻转时机掌握不好，着陆前身体展开不充分，造成翻转不足或翻转过度，从而影响着陆的稳定性。

（二）理论和实践价值

（1）总结以往研究对各种落地失败原因的探讨，主要有：人体剩余动量矩大、落地时姿态问题、落地后运用技术不当、心理因素影响。上臂打开增大人体的转动惯量，使转动速度迅速减小；同时，其转动能协同克服一部分剩余动量矩，利于维持平衡。着陆失败时为维持平衡上臂姿势各异，肩关节角度差距很大。保持直立姿势至着陆前非常重要，因恐惧心理的影响，着陆时常有过早动作或屈膝弯腰的现象，着陆瞬间膝关节、髋关节的角度为90°最好。在训练中还应加大着陆时膝关节的屈曲程度，使之接近于90°。而髋关节角度在成功时非常接近于90°，平均值为93.07°，但波动较大。身体各环节振动式微调，无前倾后仰动作，雪板与坡面间贴合，克服剩余动量矩的效果很好，瞬间的缓冲效果好。出台瞬间成功时的重心垂直速度平均值更大，而着陆瞬间重心垂直速度平均值（33.56m/s）比失败时（40.73m/s）要小，也恰恰证明了这种缓冲效果。由运动生物力学原理分析，着陆稳定性很大程度上取决于着陆的初始条件，即人体剩余动量矩和着陆时的人体姿态角。着陆成功需要人体剩余动量矩与重力矩冲量二者平衡。重力矩冲量是重力矩与时间的积，人体各环节的姿态角决定各环节重心，也就决定人体的重心和重力矩，躯干倾角大时重力矩大。落地调整时躯干角速度是最重要控制量，躯干角速度向前转能克服剩余动量矩，角速度越大，克服剩余动量矩能力越大。小腿角速度、臂角速度是调节人体动量矩的重要影响量，这些环节向前转是消除剩余动量矩的方式。所以落地后采用快速下蹲技术以帮助克服剩余动量矩。

（2）本课题试图拟合出最优的技术动作模型，帮助教练、运动员在训练过程中及时解决关键技术问题。首先课题组根据自身多年运动经历及指导运动队的经验，总结多名业内知名教练对空中技巧运动发展中几个关键的技术环节进行探讨和研究，利用人员、场地优势，从每个技术环节入手，创新技术训练方法手段，为运动员进行难度攻关、提高动作质量和落地稳定性提供科技保障，在现有训练方法的基础上，用理论联系实际，在技术训练中提出了技术的新理念对国家队自由式滑雪空中技巧运动员高难度技术训练方法手段的创新研究。从每个技术环节入手，创新技术训练方法手段，为运动员进行难度攻关、提高动作质量和落地稳定性提供科技保障，在现有训练方法的基础上，进一步结合运动员身体机能状态和技术水平，提出高难度动作的创新训练方案，为杨雨提高动作经济性和动作难度提供了科技服务保障。

二、研究结果与分析

选取我国自由式滑雪空中技巧女子国家队优秀运动员杨雨作为研究对象。录像采用平面定点测量的方式，使用日本索尼高清摄像机 2 台，采样频率为 50Hz，分别对起跳、落地的正侧面进行定点拍摄，得到动作结构的运动学参数。运用 SPSS16.0 统计软件对所获得的数据进行统计学处理（表 3-15）。

表 3-15　运动员自然情况表

姓名	身高(cm)	体重(kg)	年龄(岁)	训练年限(年)	成功动作(次)	失败动作(次)	最好成绩
杨雨	167	65	25	14	5	5	世界杯分站冠军

(一) 助滑

空中技巧4个阶段环环相扣,良好的助滑是后继动作高质量完成的基础,且有优秀的空中技巧运动员训练年限相当久,助滑技术都有固定的程式,起跳出台技术趋向自动化,空中的直体空翻靠身体的屈伸来调控翻转角速度的余地非常有限,所以可通过调整助滑效果达到完善起跳的作用。

助滑速度受到助滑坡度、助滑距离、雪质情况、环境条件的影响。助滑坡度国内外均在 20°~27°。雪质情况主要体现在雪的摩擦系数上。环境条件包括风速、风向、光照、温度、湿度等,其中,风对自由式滑雪运动员动作效果的影响分为两部分:一是对助滑速度的影响,二是运动员出台后对技术动作和空中位移的影响。在比赛中要选择合适的助滑坡度 (或高度),从而控制助滑速度。郑凯等通过对运动员助滑速度与助滑距离的关系,以及根据运动生物力学和空气动力学相关公式概念建立了助滑距离与速度控制模型,可不凭经验及试跳判断助滑高度——mgsina-mgcosa$-\frac{1}{2}$ρCfA($\sqrt{2}$ as+vfcosa)2=ma(助滑坡度为 a、运动员迎风面积为 A、助滑距离 S、体重 m、风速 vf、风角 af、风阻力系数Cf、空气密度 ρ),预计速度的误差不超过 1km/h。自由式滑雪空中技巧场地上有 3 个风向标,起点处一个,平台处两个,测试时风速均在 1~2 级。运动比赛中可通过测试风角、估算迎风面积等,实时计算助滑坡度,保证助滑速度最优。本次没有用模型进行测试与计算。经图像解析得到助滑速度与助滑距离,计算得:助滑速度在着陆成功时为 (60.36 ± 0.74)km/h,失败时为(58.91 ± 1.19)km/h,两独立样本 t 检验得 P=0.006,具有显著性差异,成功时获得的助滑速度更大;助滑距离成功时为 57.07 ±1.17m,失败时为 (56.86 ± 1.20)m,差异无统计学意义,对于已有样本,着陆成功时助滑距离比着陆失败时助滑距离大。

手臂技术分传统"带臂式"与新型"上举式"。带臂式是运动员起跳时，双臂由后、经下、经前、向上摆臂，一直在空中技巧项目中占据主流地位；上举式分双臂上举技术和单臂上举技术。上举式优点有保持起跳稳定性，增加转体力矩，节省运动员空中转体时摆臂所需要的时间。观察到实验中运动员均采用的是带臂式技术，不论成功与失败。闫红光等通过研究，认为对于带臂式起跳技术相对于上举式起跳技术而言比较合理、先进。从后经前、从上至下的摆臂增加了地面对身体的反作用力，且摆臂时所获得的向上惯性也有利于腾空高度的增加。

（二）完全出台瞬间的运动学指标

FIS 规定空中技巧的起跳阶段从运动员进入跳台过渡曲线时开始，至双板尾离开跳台时止；跳跃中的实际姿势在雪板离开跳台之前并未开始。良好的起跳技术要求运动员在离开跳台之前身体必须充分伸展。

在着陆成功和失败两种情况下，所选取关键时刻的运动学参数（躯干倾角，肩、髋、膝、踝关节角度，重心水平方向、垂直方向速度及合速度，重心高度）进行正态分布检验与两独立样本 t 检验，并计算均值和标准差，建立表格（表 3–16）。

表 3–16　着陆成功与失败在完全出台瞬间的运动学指标对比

运动学参数	M±SD		P
	成功	失败	
膝关节角度（°）	144.62 ± 15.31	155.51 ± 11.40	0.095
重心垂直速度（m/s）	8.97 ± 0.27	8.86 ± 0.66	0.172
肩关节角度（°）	166.43 ± 11.38	157.26 ± 17.33	0.188
躯干倾角（°）	29.29 ± 7.76	24.80 ± 9.86	0.289
合速度与水平正向夹角（°）	47.80 ± 2.33	46.51 ± 3.80	0.393

续表

运动学参数	M ± SD		P
	成功	失败	
髋关节角度（°）	161.11 ± 14.21	164.59 ± 10.95	0.555
重心合速度（m/s）	12.13 ± 0.56	11.93 ± 0.78	0.567
重心水平速度（m/s）	8.15 ± 0.72	8.21 ± 0.91	0.880

从对表 3–16 测量数据的分析和运动图像的观察来看，比较着陆成功与失败的起跳技术特征，各运动学指标无数理统计的差异性，但将 P 值由小到大排序发现：下肢膝关节角度成功时平均值为 144.62°，小于失败时的 155.51°，成功时的膝关节屈曲幅度更大，腿部的蹬伸动作更积极，而出台时重力使人产生向后的翻转力矩，充分伸膝一定程度上克服上体后仰，使台面对人体的反作用力线通过重心上方，同时反作用力的加大利于抛射角度加大，腾空时间相对充分。重心垂直速度成功时平均值为 8.97m/s，大于失败时的 8.86m/s，腾空高度是由重心垂直速度决定的，重心垂直速度越大，腾空高度越大，腾空时间也相对延长。成功时肩关节角度与失败时的差别主要与起跳阶段上臂积极的引导动作有关。躯干倾角成功时平均值为 29.29°，大于失败时的 24.80°，成功时的躯干前倾更明显，躯干前倾有助于增加起跳完成时人体重心垂直方向的速度。充分、有力地起跳可以使运动员获得足够的高度和距离，是完成复杂的空中翻转动作的保证，并有相对充分的时间准备着陆。

（三）着陆瞬间的运动学指标

表 3-17　着陆成功与失败在着陆瞬间的运动学指标对比

运动学参数	M ± SD		P
	成功	失败	
肩关节角度（°）	64.39 ± 35.25	123.56 ± 23.29	0.002[a]
膝关节角度（°）	126.54 ± 24.19	104.72 ± 16.13	0.058
重心垂直速度（m/s）	33.56 ± 6.55	40.73 ± 9.33	0.105
躯干倾角（°）	146.73 ± 14.04	131.35 ± 23.59	0.157
重心水平速度（m/s）	32.06 ± 5.46	28.56 ± 3.57	0.164
踝关节角度（°）	115.78 ± 30.51	105.19 ± 12.99	0.413
重心合速度（m/s）	46.32 ± 8.14	49.94 ± 8.87	0.428
髋关节角度（°）	93.07 ± 33.57	84.86 ± 20.06	0.585

注：[a]：$P<0.05$

　　着陆滑出是空中技巧的最后一个运动阶段，FIS 自由式滑雪空中技巧裁判手册中规定着陆包括两部分：一是着陆——准备着陆（考虑在空中动作中）后身体相对于陆坡的位置，雪板与雪面接触冲撞得以较好地缓冲；二是紧跟着接触雪面、冲撞和缓冲的着陆滑出。着陆成绩占总分的 30%，其好坏直接影响裁判对分数的评判。运动员穿着雪板在 37° 坡面上着陆，需要良好的着陆技术完成对人体重心的控制。这不仅要求运动员有良好的肌力，还要求运动员有良好的空间感觉。核心肌群在腾空过程中担负着稳定重心、传导力量、缓冲等作用，同时也是整体发力的主要环节，对上下肢体的协同用力起着承上启下的枢纽作用，能够增强在空中时身体平衡能力和落地时的稳定性。训练运动员有强大的腰屈伸爆发肌力是落地稳定性控制取得长足进步的最重要因素，以腰腹肌、股四头肌、胫骨前肌最为关键。空间感觉的好坏决定着运动员能否准确地判断身体在空中所处的位置。空间感觉差的运动员在空中做动作时，往往翻转时机掌握不好，着陆前身体展开不充分，造成翻转不足或翻转过度，从而影响着陆的稳定性。

总结以往研究对各种落地失败原因的探讨，主要有：人体剩余动量矩大、落地时姿态问题、落地后运用技术不当、心理因素影响。表3–17中肩关节角度在着陆成功与失败时具有显著性差异，与着陆姿势有密切关系。上臂打开增大人体的转动惯量，使转动速度迅速减小，同时其转动能协同克服一部分剩余动量矩，利于维持平衡。着陆失败时为维持平衡上臂姿势各异，肩关节角度差距很大。保持直立姿势至着陆前非常重要，因恐惧心理的影响，着陆时常有过早动作或屈膝弯腰的现象，着陆瞬间膝关节、髋关节的角度为90°最好。由表3–17可看出：膝关节角度成功时为126°±24.19°，失败时为104.72°±16.13°，虽然失败时更接近于90°，但失败的着陆动作各异，平均值104.72°不能反映实际情况。在训练中还应加大着陆时膝关节的屈曲程度，使之接近于90°。而髋关节角度在成功时非常接近于90°，平均值为93.07°，但波动较大。身体各环节振动式微调，无前倾后仰动作，雪板与坡面间贴合，克服剩余动量矩的效果很好，瞬间的缓冲效果好。出台瞬间成功时的重心垂直速度平均值更大，而着陆瞬间重心垂直速度平均值（33.56m/s）比失败时（40.73m/s）要小，也恰恰证明了这种缓冲效果。

由运动生物力学原理分析，着陆稳定性很大程度上取决于着陆的初始条件，即人体剩余动量矩和着陆时的人体姿态角。着陆成功需要人体剩余动量矩与重力矩冲量二者平衡。重力矩冲量是重力矩与时间的积，人体各环节的姿态角决定各环节重心，也就决定人体的重心和重力矩，躯干倾角大时重力矩大。落地调整时躯干角速度是最重要控制量，躯干角速度向前转能克服剩余动量矩，角速度越大，克服剩余动量矩能力越大。小腿角速度、臂角速度是调节人体动量矩的重要影响量，这些环节向前转是消除剩余动量矩的方式。所以落地后采用快速下蹲技术以帮助克服剩余动量矩。通过视频可看出失败的动作主要为后仰躯干触地和侧倾上肢触地。若考虑到空中动作，即绕人体横轴的翻转和绕人体纵轴的转体：绕纵轴转体未完成时，可能导致绕横轴翻转不足；为完成绕纵轴转体，又导致绕横轴翻转过度；两种情况都会造成着陆失败，一般为前倒或后仰。绕横轴翻转未完成时，可能导致绕纵轴转体不足；为完成绕横轴翻转，又导致绕纵轴转体过度；两种情况都会造成着陆失败，一般为侧摔。

三、结论与建议

（一）结论

助滑速度在着陆成功和失败时具有显著性差异，成功时获得的助滑速度更大。助滑距离在着陆成功和失败时无统计学差异，对于已有样本，成功时较失败时略大。完全出台瞬间的各运动学指标在着陆成功和失败时无统计学上的显著差异。完全出台瞬间的膝关节角度在着陆成功时的均值比失败时大，肩关节角度、躯干倾角均值也更大。重心垂直速度均值成功时大于失败时。由于着陆失败时身体姿势各异，着陆瞬间的肩关节角度在着陆成功和失败时有显著性差异。着陆瞬间的膝关节角度均值成功时比失败时略大，成功时的均值超过最优值 90° 约 14°，髋关节角度均值在最优值 90° 附近，重心垂直速度均值在成功时比失败时小。

（二）建议

在训练中完善起跳技术，出台瞬间上体略前倾，加强上臂的积极引导与腿部蹬伸，训练中注意加强核心力量和下肢蹬伸力量。还应加大着陆时膝关节的屈曲程度，使之接近于 90°，加强落地后快速下蹲技术的练习和平衡性训练。

第四章
自由式滑雪空中技巧项目高水平运动员身体素质特征的研究

本章提要：发展运动员力量素质的训练，必须遵循针对专项的力量素质特征。力量训练任务、手段和要求的也日趋细化、结构化。能量代谢、动作力学、神经－肌肉系统专项化构成了力量训练专项化的内在结构与基本特征，力量训练专项化是练习设计、次数、组数、强度、速度、频率应与专项的能量、动作、神经－肌肉系统的需要保持一致，力量训练手段、负荷、要求只有在满足这些基本特征条件下才能有效保证专项化训练水平。强有力的核心肌群对运动中的身体姿势、运动技能和专项技术动作起着稳定和支持作用。

第一节　关于力量素质训练的专项化探讨

力量素质是运动员所有身体素质的基础。任何竞技运动项目的运动员只有具备了很好的力量素质，才可能获得优异的运动成绩。但是，不同运动项目运动员所需的专项力量素质各不相同，即力量素质有明显的专项特性。发展运动员力量素质的训练，必须遵循针对专项的力量素质特征。

一、力量素质分类日趋精细化

力量素质是最基础的身体素质，人体的肌肉活动必有神经系统参与调控，力量素质应是指人体神经肌肉系统在工作时克服或对抗阻力的能力。国内对于力量素质的分类，有着众多看法，认识角度、学科理论或分类指标不同，力量素质的分类也不同。根据力量与专项的关系分为：一般力量、辅助专项力量和专项力量；根据力量的物理学意义可分为：动力性力量、静力性力量和反应力量；根据肌肉的工作方式可分为：离心性力量、向心性力量、等长性力量和超长性力量；从力量的训练特征可分为：最大力量、快速力量（包括启动力量、反应力量和爆发力）、力量耐力（包括最大力量耐力和快速力量耐力）；根据力量与体重的关系可分为：绝对力量和相对力量。从力量的训练区域又可分为：核心区域力量、附肢区域力量。

根据不同运动项目对力量素质的需求，训练理论大多将力量素质分为：最大力量、快速力量、力量耐力和反应力量。多年来，我国训练理论中对力量及其力量素质训练的讨论均停留在这个层面，力量训练课的任务和内容也是在这一基础上设计和实施的。然而，近年力量训练的研究成果表明，力量素质在运动实践中的表现并不仅局限在该结构的层次上，而是更为细化。人们在原有力量结构的基础上进一步划分出更细的力量能力。最大力量进一步被区分为肌肉神经支配能力和肌肉横断面两种，举重选手的训练应以提高肌肉神经支配能力为主，而不是发展肌肉的横断面积，而健美选手的最大力量训练原则与其相反。

核心力量存在于所有运动项目中，所有体育动作都是以中心肌群为核心的运动链，强有力的核心肌群对运动中的身体姿势、运动技能和专项技术动作起着稳定和支持作用。任何竞技项目的技术动作都不是依靠某单一肌群就能完成的，它必须要动员许多肌群协调做功。核心肌群在此过程中担负着稳定重心、环节发力、传导力量等作用，同时也是整体发力的主要环节，对上下肢体的协同工作及整合用力起着承上启下的枢纽作用。

二、力量素质训练日趋专项结构化

力量训练是一个过程，也是一个系统工程。不仅注重训练的阶段性和局部性，还要兼顾长期性与完整性。因此，只有在科学方法论的指导下，训练计划的制订与实施才能合理、有效。过去50多年，周期（分期）训练一度成为指导训练的基本原则与模式。然而，现代运动竞赛的发展与赛制的改革打破了周期训练固有模式与训练思路，尤其对于高水平运动员而言，在周期的形式上表现出灵活、多样的特点。

力量训练分期理论与板块学说理论核心都在于从专项需要出发，在不同的阶段有选择地确定训练目标。通过增长阶段、转化阶段、保持与发挥等阶段的连贯，有效避免相互干扰及过度训练，达到促进最佳竞技状态形成的目的。两种学说从方法论的角度，对力量训练过程给予科学指导，在掌握专项力量内部结构基础上，通过相对独立而又彼此关联的训练阶段，建立一条专项转化通路。

力量训练专项化是对训练刺激适应的专门性过程。这一过程不仅有能量代谢因素、动作力学因素，还有神经－肌肉关联因素。在力量专项化训练中的结构应具有以下3种倾向。第一，能量代谢的专项化。力量训练中的强度和量将决定肌肉内超微结构和代谢能力的变化。例如，肌肉耐力训练只募集慢肌纤维，动用有氧代谢系统。力量性练习募集和作用快、慢两种肌纤维，动用ATP、CP和无氧糖酵解系统。第二，练习手段或动作结构的专项化。表现为力量练习的手段与专项动作越相似，迁移的可能性就越大。第三，神经－肌肉系统的专项化。力量训练中神经冲动频率、强度、运动单位的募集水平、顺序，肌肉纤维的募集数量与类型等都应以专项特点及要求为参照。也就是说，力量训练专项化是练习设计、次数、组数、强度、速度、频率应与专项的能量、动作、神经肌肉系统的需要保持一致。

1. 能量代谢的专项化

能量代谢专项化是指力量训练时的能量代谢特征应与专项能量代谢特征力求保持一致。在力量训练中，除了循环力量训练以及超级组合练习主要是有氧代谢供能外，其他形式或方法的力量训练多以 ATP-CP 和乳酸代谢系统参与供能为主。同样，力量练习时肌肉参与程度、整体性和局部性强度对能量代谢专项化过程也有重要影响。因此，只有在对专项能量代谢特征充分认识的基础上，才能确定力量训练时能量代谢系统特点，并以此确定力量训练的负荷结构。

依项目供能特点，大强度、短时间的项目以无氧供能为主，小强度、长时间项目以有氧供能为主。大强度力量训练可以产生肌肉收缩蛋白适应，增加肌肉内 ATP 含量以及肌内高能量磷酸筹备，增加 CP、肌激酶活性，可促进高能量系统（ATP-CP 系统）供能能力的提高，从而有助于肌肉最大力量和爆发力的提高。小负重、多次数的肌肉耐力训练可以产生肌肉内线粒体与微血管的适应，加强肌肉内有氧代谢酶活性，便于氧气和二氧化碳的交换。然而，能量专项化并不能简单理解为代谢系统的满足，因此，力量训练不仅在训练强度、训练次数、组数及组间间歇上要达到能量专项化的要求，而且在肌肉参与程度（部位）以及动作结构上的近似才能真正发挥专项化训练的作用。也就是说，项目供能特征为设计力量专项训练提供了能量代谢上的基本依据。

2.动作力学特征的专项化

专项动作在关节角度、关节的活动幅度、活动中的阻力变化特点、局部与整体速度以及肢体链的形式等方面具有鲜明的力学特征，这些成为定量分析与设计力量专项训练手段的主要依据。然而，力量实践中的定性分析多于定量分析，很大程度上削弱了专项训练的准确性，使得某些力量练习手段在动作力学特征上与实际专项动作偏差较大。例如，很多常用力量训练手段在动作速度结构上存在先加速后减速的特征，这与专项动作持续加速的速度特征并不一致。而且，力量训练手段有闭合动力链练习与开放动力链练习之分，前者与专项练习更为紧密，是更容易产生迁移效应的多关节的自由负重练习，如下蹲、高翻、挺举等；后者是肢体较为固定、单关节的器械练习，如坐姿腿蹬伸、俯卧腿弯举、杠铃弯举等。力量训练手段只有在动作链上尽量满足专项动作特征（多关节链）才能使力量练习更贴近实际。

3.神经－肌肉系统的专项化

神经－肌肉系统训练专项化是力量训练专项化的核心。首先，受训肌肉或肌肉群应满足专项对肌肉的基本需要；其次，受训肌肉的收缩形式、收缩幅度、收缩速度应与专项保持一致；更重要的是，肌肉在被募集类型与数量、收缩形式、收缩速度等方面都与神经的支配紧密相关。神经冲动发放的强度、频率、持续时间决定肌肉募集数量、类型及收缩速度和收缩力量。同时，神经系统决定着专项动作主动肌、对抗肌、协同肌、稳定肌间的协调与配合。

大多数专项动作是通过快运动单位完成，这需要神经系统发放高强度、高频率的神经冲动来募集。专项不同，肌肉力量中速度和力量成分比重各异。力量型项目，如举重、投掷对于肌肉最大力量和爆发力的要求非常高，需要高强度的神经冲动募集更多的快肌纤维参与用力，高强度冲动持续时间长有助于提高爆发力。换句话说，只有神经系统产生了适应，才能保证更多高阈值的运动单位参与完成专项动作。

三、专项化结构的力量训练

力量训练专项化过程中如何充分认识专项化结构的每个部分及其关系是提高专项化水平和专项迁移的关键。也就是说，在力量训练设计中只有充分考虑了项目的能量特征、动作力学特征和神经－肌肉系统特征才能有效地达到专项化迁移的效果。因此，在力量专项化训练往往要和专项技术练习紧密结合在一起，二者互为条件，彼此促进。

因此，杠铃力量训练不仅只发展一般的力量素质，而且应重视力量向专项的靠近，优先发展那些对专项成绩最具影响的力量能力。根据专项力量训练的原则，杠铃房的力量训练还应从练习方式和负荷两个方面解决专项化的问题。正确的练习方式可以使那些对专项技术最具影响的肌肉或肌群得到训练，例如同样的推举会由于杠铃运动的不同方向而产生不同的训练效果，一般的杠铃卧推主要发展胸大肌等胸廓前部的肌肉，而坐式上推则重点发展背阔肌和肋间肌等胸廓后部和两侧的肌群。又如，杠铃训练中的深蹲和半蹲的主要不同点在于对臀大肌刺激程度的不同，深蹲时臀大肌的参与程度较半蹲大，所以不同专项应根据下肢用力的发力角确定练习的手段。

四、核心力量训练的重要作用

力量训练在很大程度上要增强核心力量，提高神经肌肉的控制能力，否则就是浪费时间。力量训练能够提高运动成绩，但是，有多少力量能够转换到运动实践中呢？运动的力量从髋部发出，然后向四周辐射，就像把一块石头投到水中激起波纹一样，当身体处于合适的体位时，大肌肉群才能合作发起腿部和躯干的有力旋转。在旋转的加速中，髋部的作用犹如一个有力的平台，使肢体能够精确地控制动作。从解剖学上看，核心区域的功能是肢体运动的基础，绝大多数大幅度肢体运动一定通过骨盆或脊柱与核心区域才能完成。力量训练中的两个要点：一是以提高运动能力为目标的力量训练必须包括髋部屈伸和躯干旋转练习；二是核心必须足够强大，才能保证运动链上的力量传导。

现代力量训练非常重视练习过程中肌肉之间、肌群之间的协作与配合。由于杠铃负重练习在练习形式和负荷上均不可能完全与专项技术一致，所以人们开始从肌肉工作的用力度上寻求力量与专项技术的衔接。力量的优劣不仅取决于肌肉收缩能力的大小，而且取决于参与运动肌肉之间的协作配合水平。尽管简单的杠铃负重训练不能模拟由多块肌肉和肌群参加并以多种收缩方式工作的专项技术动作，但是通过强化力量训练中肌纤维之间和肌肉、肌群之间的协调性，使整个神经－肌肉系统形成正确的动力链，使肌肉的收缩与放松的交替更加合理，在改善运动神经对肌肉的精确支配能力的意义上提高专项力量。另外，在运动实践中，绝大多数的技术都是在不稳定支撑下完成的，因此在不稳定下的稳定能力，优秀的动态平衡能力，特殊情况下的发力能力，是现代力量训练的一个重要切入点。

以此得出结论：①发展运动员力量素质的训练，必须遵循针对专项的力量素质特征。力量素质分类日趋细化，力量训练任务、手段和要求的也日趋细化、结构化。②能量代谢、动作力学、神经－肌肉系统专项化构成了力量训练专项化的内在结构与基础，力量训练手段、负荷、要求只有在满足这些基本特征条件下才能有效保证专项化训练水平。③现代力量训练更加重视不稳定下的稳定能力、动态的平衡能力、特殊情况下的发力能力以及强有力的核心力量训练。

第二节　用于运动员平衡控制能力的智能评估深度多维度剩余连接神经网络模型

运动员的平衡控制能力在不同类型的运动中发挥着重要作用。准确、高效地评估运动员的平衡控制能力，可以显著提高运动员的成绩。自由式滑雪空中技巧是一项技术性、观赏性较强的体育运动项目，比赛中整套动作由助滑、起跳、空中和落地 4 个部分组成。空中动作是体操动作和滑雪技术完美结合的体现。运动员空中动作要求达到"稳、难、准、美"等标准，需要运动员具有较强的平衡控制能力。运动员的平衡控制能力较差会直接影响落地的稳定性和损伤风险的增加。近年来，随着运动员训练领域的快速发展，对智能、自动化的评估提出了更高的要求。通过对时间序列运动压力测量数据的处理，提出了一种基于深度学习的运动员平衡控制能力评估方法，端到端的模型结构，可以直接对原始数据进行分析并给出评估结果，这在很大程度上便于实际应用。通过研究不同维度下学习到的特征，提出了一种多维度特征提取方法。进一步提出了一种剩余连接神经网络结构。利用这种快速连接，可以更有效地训练深度神经网络模型。通过对专业运动员平衡控制能力的测试进行试验验证。结果表明，本文提出的深度多维度剩余连接神经网络模型能够很好地解决运动员平衡控制能力评价问题，具有较好的实际应用前景。

一、平衡能力控制的重要作用

自由式滑雪空中技巧是体操动作和滑雪技术完美结合的体现,"难、新、美、稳"是运动员空中动作技术发展的主要趋势,比赛和训练中运动员需要控制身体在空中的姿态,并完成各种旋转和翻转动作。这要求运动员不断调整身体的重心、保持平衡,在半空中进行翻转时,运动员将面对风阻和重力等因素,使落地过程中的平衡稳定控制变得困难。良好的平衡控制能力对运动员动作的完成具有重要作用,运动员的平衡控制能力较差会影响运动员落地的数据稳定性从而影响运动成绩,也会增加运动损伤的风险。

平衡控制能力对于运动员来说是非常重要的。许多运动领域需要精确的运动数据,如自由式滑雪、空中技巧、滑冰等,需要对运动员的平衡控制能力进行准确、有效的评估。良好的平衡控制能力评估可以为运动员的选材、训练、比赛等管理提供有力的支持。平衡控制能力的准确评估仍然是一个相当具有挑战性的问题,因为它包含了大量的因素,并且不能很好地反映潜在的能力。这一任务也高度需要大量的专业知识和人力,这使得在实际场景中难以执行。

近年来,随着传感技术和数据分析方法的快速发展,数据驱动的运动员平衡控制能力评估变得可控。具体来说,运动压力测量机,如平衡计,可以用来收集运动员站在机器上时的细微动作。采集到的信号可用于评估运动员的平衡控制能力,因为较小的运动压力通常表示较好的平衡控制能力,而较大的运动压力表示平衡控制能力处于较低水平。

对于收集到的数据,可以利用均值、均方根等典型的统计学特征来评估平衡控制能力。在过去的几年里,有许多信号处理的方法为更好地提取特征而提出包括小波分析、随机共振技术等。一些机器学习和统计推理技术也被开发用于解决模式识别问题，如人工神经网络（ANN）、支持向量机（SVM）、随机森林、模糊推理等。然而，所收集的运动压力数据通常包含许多噪声，这使得难以使用常规特征进行评估。此外，对于高水平运动员，不同水平运动员的平衡控制能力差异较小。典型特征不能很好地反映差异。因此，传统的数据驱动的运动员平衡控制能力评价方法目前面临着巨大的挑战。

深度神经网络是近年来人工智能的新兴技术，在图像识别、语音识别等许多应用中都取得了很大的成功。在大数据的驱动下，深度神经网络可以很好地自主学习输入数据与输出模式之间的映射函数。通常可以获得较高的预测精度。此外，深度神经网络通常是一种用于自动计算的黑盒工具，对信号处理的基础知识或领域专业知识要求很少。该方法对于解决具有挑战性的运动员平衡控制能力评价问题具有很好的应用前景。

最近的研究表明，深度神经网络模型可以很好地处理时间序列数据，使用深度学习一般可以获得更高的特征提取效率和更好的效果。深度学习已经成功地处理了不同类型的时间序列数据，包括医疗数据、财务数据、状态监测数据等。Miao 提出了一种利用单通道心电信号进行连续血压测量的深度学习框架，在压力数据处理方面取得了良好的效果。有研究提出了一种端到端的颅内压脉冲波形智能形态分类方法，采用深度学习方法进行自动特征提取和模式学习。

然而，典型的深度神经网络模型受到诸多因素的影响。例如，在深度架构下，训练效率普遍较低。传统的模型建立方法基本上是以前馈的方式丢失特征信息，采用单维度特征提取方案。这些局限性阻碍了深度神经网络方法的发展。

针对运动员平衡控制能力的评价问题，提出了一种新的深度多维度剩余连通神经网络模型，以及深度神经网络遗留的问题。本研究的主要创新点和贡献如下：一种新的多维度特征提取方案，该方案包括不同维度下的自动特征学习。多维度特征的融合进一步提高了信息融合的性能，得到了更好的结果，提出了一种深度剩余连通模块，该模块在深度神经网络模型中引入了不同卷积层之间的捷径连接。这样一来，可以大大提高训练效率。研究了运动员平衡控制能力的评价问题，提出了一种智能化的特征提取与评价方法。这在目前的文献中很少被研究，本研究为这项任务提供了新的见解。通过对专业运动员足底运动压力测量数据的实验，验证了该方法的有效性。结果表明，该方法具有较高的评估精度，具有较好的应用前景。

在本节中，介绍了本研究中使用的初步方法，包括卷积神经网络、池化和 softmax 函数。本研究所涉及的问题可以表述为学习映射函数，将原始采集的运动员时间序列数据映射到相应的平衡控制能力水平。这种联系极其复杂，传统的方法不能很好地解决这个问题。因此，我们提出了一种基于深度学习的方法来对高度非线性的关系进行建模。

二、卷积神经网络

卷积神经网络是目前最流行的神经网络结构之一。CNN 的有效性在许多应用场景中得到了广泛的验证，如图像分类任务、语音识别问题、视频处理任务等。利用 CNN 可以对复杂多变的信号进行自动处理，并能有效地提取高级特征。近年来，利用 CNN 进行了许多研究，并取得了显著的成功。

CNN 最具代表性的特征是信号处理中的局部接收域和共享参数。算法能很好地从采集的数据中提取最显著的特征。在这项研究中，CNN 被用作数据驱动的信号智能特征提取的主要框架。

卷积层被放置为相对于原始数据卷积不同的滤波器，并且可以相应地获得高级特征。在大多数情况下，池化操作在卷积操作之后使用，这可以进一步提取最重要的特征用于后续处理。同时，也可以很好地降低特征维数，这有利于降低加工成本。

具体来说，通过放置卷积层，对原始数据进行不同的滤波器卷积，从而得到高级特征。大多数情况下，在卷积操作之后使用池化操作，可以进一步提取最重要的特征进行后续处理。同时，还可以很好地降低特征维度，有利于降低处理成本。

在本研究中，数据是一个序列的时间序列收集。因此，数据处理主要采用一维（1D）CNN，将在下文介绍。让 $x=[x1, x2, \cdots\cdots, xN]$ 表示输入数据，其中 N 表示输入数据样本的维数。卷积计算可以用滤波核 w，$w \in RFL$ 来定义 FL，其中 FL 表示筛选器内核的大小，定义为局部感受的区域。连接向量 $Xi：i+FL-1$ 可以定义为

$$X_i：i+F_L-1=x_i \oplus +1 \oplus \cdots\cdots \oplus x_i+F_L-1 \tag{1}$$

其中项目 Xi：i+FL-1 被定义为从第 i 个数据点开始具有 FL 个连续数据点的窗口。操作用于将相关数据连接成更大的信息实体。最后，卷积计算可以表示为：

$$k_i=\eta\left(w^T x_{i：i+F_L}-_1+m\right) \tag{2}$$

其中 m 和 η 分别表示偏差向量和神经网络激活函数。特征图输出 ki 被称为相对于滤波器内核获得的特征。通过对输入的数据样本应用从第一个数据点到最后的滤波核 l，学习到的特征表示可以计算为

$$k_i=\left[k_i^1, k_i^2, \cdots\cdots k_i^{N-F_L+1}\right] \tag{3}$$

上面的表达式代表了学习到的特征。在 CNN 的实际应用

中，可以在一层中使用多个卷积核，从原始数据中获得更丰富的信息。

（一）池化

在典型的神经网络中，在卷积层之后，池化层通常用于关于学习的特征图的进一步特征提取。使用池化操作主要有两个原因。首先，通常可以通过使用简单的池化函数来提取最重要的特征，这为有效的学习提供了一种简单的方法。第二，特征图的维度可以大大降低，这可以帮助提高处理效率。在这项研究中，使用的最大池函数，是已被广泛采用的文献中的相关分类问题。设 q_j 表示池化操作的大小。关于从卷积层提取的特征图，池化特征可以表示为

$$q_j=\left[\; q_j^1,\; q_j^2,\; \cdots,\; q_j^s\;\right] \tag{4}$$

其中 q_j 表示对第 j 个大小为 s 的特征图进行池化操作获得的特征。

$$q_j^z=\max\left(k_j^{(z-1)\,p+1}, k_j^{(z-1)\,p+2}, \cdots, k_j^{zp}\right) \tag{5}$$

（二）Softmax 函数

是基于数据驱动的神经网络分类任务中的一个常用函数。它通常被采用在深度神经网络的末端层。可以通过使用 softmax 函数将神经元的值转换为预测概率。具体地，在深度神经网络中的卷积层和池化层的多次组合之后，最终提取的特征是 softmax 函数的输入。设 $x\,(i)$ 表示训练样本，并且 $r\,(i)$ 表示训练样本的对应类标签。$i=1, 2, \cdots\cdots, N_{tr}$，其中 N_{tr} 表示训练数据样本号。也有 $x\,(i) \in R^{N \times 1}$ 且 $r\,(i) \in [1, 2, \cdots\cdots, B]$，其中 B 表示问题中相关类的总数。对于输入数据样本 $x\,(i)$，softmax 函数可以很好地预测类概率 $p\,[\,r\,(i)=j_1x\,(i)\,]$，$j_1, 2, \cdots\cdots, B$ 表示不同类别标签。可以基于假设函数来计算每个类别的数据样本的计算概率。

$$\frac{1}{\sum_{b=1}^{B} e^{\lambda_b^T(i)}} \begin{bmatrix} e^{\lambda_1^T x^{(i)}} \\ e^{\lambda_2^T x^{(i)}} \\ \vdots \\ e^{\lambda_B^T x^{(i)}} \end{bmatrix}, \qquad J_\lambda\left(x^{(i)}\right) = \begin{bmatrix} p\left(r^{(i)}=1|x^{(i)};\lambda\right) \\ p\left(r^{(i)}=2|x^{(i)};\lambda\right) \\ \vdots \\ p\left(r^{(i)}=B|x^{(i)};\lambda\right) \end{bmatrix},$$

其中 $\lambda=[\lambda1, \lambda2, \cdots\cdots\lambda B]$，T 表示函数系数。可以注意到，softmax 函数分类器保证输出的值都是正的，且它们的和为 1。因此，softmax 函数可以将深度神经网络的输出转换为不同相关类的预测概率。

（三）深度多维度剩余连接模型

本研究提出了一种基于深度学习的多维度剩余连接模型，用于时间序列数据处理和运动员成绩评估。在这第一节详细说明了所提出的方法，该方法包括剩余连接、多尺度特征提取和端到端关系模型。

1. 剩余连接

在传统的深度神经网络中，通常使用反向传播优化方法来更新模型参数。然而，由于模型架构通常是具有多层的深度，因此由于梯度消失问题，在大多数情况下优化效率不令人满意，这使得深度神经网络难以实现最佳性能。因此，在本研究中，提出了剩余连接神经网络方案（其在图 4-1 中示出）。

剩余连通模通常由 3 个主要特征组

（1）采用了一种快捷的连接方式，使得数据的信息可以通过不同的层传播，直接进入网络的后续层。

（2）剩余连接模块可以采用深度神经网络架构，梯度消失问题可以得到很大程度的解决。

（3）剩余连通模块相对于深度神经网络结构来说是一个相对独立的模块，可以很容易地从现有的体系结构中添加和移除。使用剩余的连接模块将引入有限的额外成本。

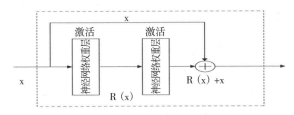

图4-1　在深度神经网络框架提出的个体连接方案

具体来说，可将剩余连接模块定义为：

$$c=R\left(x,\{v_i\}\right)+x \tag{6}$$

其中 x 和 c 分别表示层的输入数据和输出数据。函数 R 表示剩余连接操作。例如，$R=v2\eta\left(vT1\ X\right)$ 可被用于一个简单的结构与权值 vi。剩余连接运算的实际实现是通过简化和逐元求和来实现的。非线性激活函数可以在和之前或之后使用。

2. 多维度特征提取

在本研究中，提出了一种多维度特征提取方案，以便更好地从原始采集数据中学习新的特征。具体来说，卷积运算中的滤波器大小在自动特征学习过程中起着重要的作用。大的滤波器大小指示学习的特征相对于输入数据更一般和整体。相应地，较小的滤波器尺寸意味着模型更关注局部特征。在目前的文献中，对于滤波器的最优选择还没有普遍的共识。因此，在本研究中，我们建议使用多个滤波器大小的特征提取，以充分利用从输入数据的整体和局部特征。在深度神经网络结构中，提出了三种数据和特征流的方法，如图4-2所示。在每种方法中，都使用了一定大小的卷积滤波器。本研究涵盖了常见的滤波器大小范围，分别设置为 3、10 和 20。

通过这种方式，每种方法都可以获得高级特征的单一维度。

对多个剩余连接块进行数据处理后，将学习到的特征进行串接，再与全连接层进行信息聚合。因此，最终的特征是多维度的，包含了原始数据中更丰富的信息。

3. 深度神经网络结构

本研究采用深度卷积神经网络结构，采用剩余模块和多维度特征提取方法。在提出的框架中，原始的测量数据直接作为深度神经网络的输入，这意味着不需要在信号处理方面的先验知识，这在很大程度上促进了本文方法在真实场景中的实际应用。

具体来说，神经网络架构如图 4-2 所示。该模型由多个剩余连通块组成。每个剩余连接块通常有两个卷积层和多个不同大小的滤波器。一般考虑 3 种维度的特征提取方案。相应地，在不同的特征提取模块中采用了卷积运算的 3 种大小。在每个模块中提取两个剩余块的特征后，将学习到的不同模块的高级特征串联起来进行信息融合。之后，使用一个拥有 128 个神经元的完全连接的层，以及最后一个完全连接的层。最后一个完全连接层中的每个神经元代表每个类的预测置信值。结构末端的 softmax 函数将置信值解释为概率。

在实际实现中，采用了卷积层的零填充操作来保持特征映射维数不变。在深度模型中还采用了最大汇聚的方法来加速训练过程获取重要特性。在整个深度神经网络中，分层后采用了漏整流线性单元（leaky ReLU）激活函数，对于梯度消失或梯度扩散问题，该激活函数总体上是稳定的，可以获得更好的性能。利用流行的交叉熵损失函数对神经网络模型进行优化。针对每次优化迭代中模型系数的具体变化，采用反向传播算法。采用广泛应用的 Adam 优化方法进行模型训练。

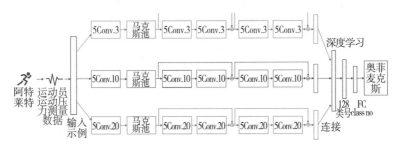

图 4-2　所提出的深度多维度剩余连接神经网络模型的架构

4. 一般实施

图 4-3 为本文提出的深度多维度剩余连通模型流程图。首先，将测得的时间序列原始数据制成多个样本。具体来说，本研究使用了两个方向的移动压力数据，即 x 和 y 两个方向。因此，原始数据具有两个维度。一个方向上的样本维数可定义为 Nin，可以制备相应尺寸的样品，尺寸［2，Nin］。该方法可以直接将原始数据作为模型输入，且不需要任何信号处理的基础知识，表明该方法在实际场景中的适用性强。

接下来，针对具体的数据集信息，建立所提出的深度多尺度残差连接神经网络架构，并确定详细的配置，包括隐藏层中的神经元数量、卷积滤波器数量等。为了开始模型训练过程，将数据样本馈送到网络中。通过多层特征提取，获得用于最终分类的高级表示。模型参数的更新采用反向传播算法。

之后，当模型训练过程完成时，测试样本被馈送到深度神经网络中，以测试模型相对于看不见的数据的性能。

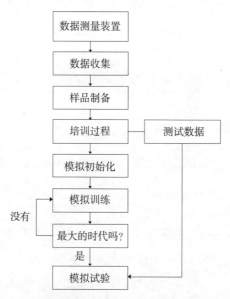

图 4-3　所提出的运动员平衡控制能力评价方法的流程图

三、智能评估研究

（一）数据收集任务简述

在这项研究中，一个真实的运动员平衡控制能力的评价数据集用于验证所提出的方法。具体地，要求不同平衡控制水平的多个自由式滑雪空中技巧运动员静止地站在脚下的平衡计上。平衡仪的面积为 65cm×40cm，平衡仪可以采集前后和内外两个方向的运动压力数据。

自由式滑雪空中技巧运动员的平衡控制分为 3 个水平，分别为高水平（H）、中等水平（M）和正常人（N）。每个级别包括两名运动员，分别由编号 #1 和 #2 表示。要求运动员当他们站在平衡表上时，以保持最佳的平衡。他们的上半身应该是静止的，环境的噪音保持在最低水平。运动员使用他们的两只脚站立，闭着眼睛专注于数据测量。运动压力数据采样频率为 100Hz。图 4-4

显示了实验的场景。

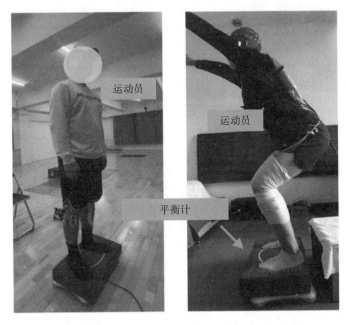

图 4-4　自由式滑雪空中技巧运动员运动压力数据采集实验
的场景

(二) 模型建立

在这项研究中, 小批量数据样本被用来实现随机梯度下降
(SGD) 优化方法, 用于更新深度神经网络参数。在训练过程的
每个时期, 训练数据样本以随机的方式被分成不同的小批次。每
个小组中包含 8 份样本, 并附有相应的标签信息。之后, 深度神
经网络参数相对于每个小组使用流行的交叉熵损失函数进行更
新。需要注意的是, 数据样本的维度在模型性能中起着重要作
用。更大的维度指示每个样本中包括更多的信息。然而, 通常存
在较高的计算负担。因此, 在实际应用中, 这通常是一种方法。
深度神经网络模型架构如图 4-2 所示。模型性能可能受到一些关键因素的影响，例如卷积滤波器的大小和数量。

（三）比较方法

提出的深度多维度剩余连接神经网络模型为大数据驱动的智能运动员平衡控制性能评估提供了新的思路。在本研究中，也采用了现有文献中类似的方法进行比较，以检验所提出方法的有效性和优越性。具体来说，我们考虑了以下方法，它们涵盖了数据驱动研究的广泛流行技术。

1. NN

首先考虑了基本神经网络模型，该模型遵循典型的神经元连接模式。具体来说，采用了一种多层感知器结构，其中有一个包含 1000 个神经元的隐层。类似的配置被用作所提出的方法，如 Leaky ReLU 激活功能和 dropout 操作。

2. DNN

深度神经网络（DNN）是对基本神经网络结构的扩展。本研究在 DNN 方法中考虑了 3 个隐藏层，分别由 1000 个、1000 个和 500 个神经元组成。类似地，也使用了 Leaky ReLU 激活函数，以及 dropout 技术。

3. DSCNN

采用实现深度单维度卷积神经网络（DSCNN），其结构与本文方法相似，但多维度特征提取方案不同。具体来说，网络中只考虑一种数据处理方法。相应地，一个卷积滤波器大小用于特征提取。在完全连接的层中没有使用特征连接。其他设置与所提出的方法相似。

4. WORes

方法表示深度多维度卷积神经网络体系结构，不存在剩余连通方案。具体来说，该方法去掉了卷积层之间的快捷连接。该方法是一个比较，以显示所提出的剩余连接方案的好处。

本研究中所有比较方法均采用交叉熵损失函数对运动员平衡控制成绩进行分类。采用 Adam 优化方法进行模型更新，选取小组数据样本。采用相同的学习率作为所提出的方法。

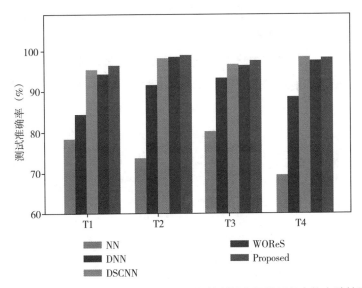

图 4-5　不同比较方法在不同运动员平衡控制能力评价任务中的实验结果

（四）实验结果与性能分析

本节给出了本方法在不同运动员平衡控制能力评价任务上的实验结果，以及不同比较方法的结果。在这一部分中，所提出的方法是不同的运动员平衡控制能力评估任务的实验结果，以及不同的比较方法的结果。烧蚀的研究也广泛进行了评估所提出的方法对模型性能的不同的关键参数的影响。为了提供公平的结果和比较，每个实验实施 3 次，并且呈现平均结果。图 4-5 示出了在不同任务中使用不同方法的一般实验结果。可以观察到，一般来说，基于神经网络的方法能够取得良好的评价结果，测试精度高。基本神经网络方法的测试精度在不同的任务中没有竞争力，并且获得小于 80% 的准确率。这表明浅层网络结构不能很好地捕捉海量数据的底层模式。DNN 方法在不同任务中实现了明显更高的测试准确率，准确率基本上都在 90% 以上。结果表明，深度架构能够很好地学习运动压力测量数据与运动员平衡控制能力之间的高度非线性关系。DSCNN 和 WORes 方法在该问题上具有很强的竞争力，在不同情况下的测试精度大多高于 95%。然而，最佳性能通常由所提出的深度多维度剩余连接模型实现。在不同的任务中可以获得接近 100% 的测试准确率。与 DSCNN 和 WORes 方法相比，可以观察到显著的改进。这意味着所提出的多维度特征学习方案和剩余连接结构可以很好地增强深度神经网络架构的学习性能，并且它们非常适合于通过处理时间序列压力数据来评估运动员平衡控制能力的问题。

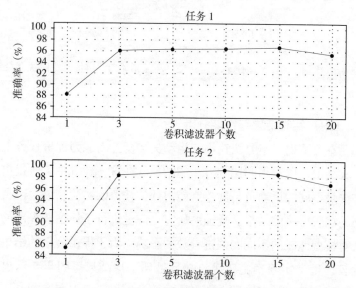

图 4-6　在任务 1 和 2 中，卷积滤波器个数对模型性能的影响

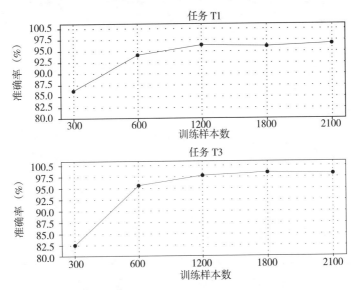

图 4-7　任务 T1 和 T3 中样本数对模型性能影响

1. 卷积滤波器数量的影响

在整个深度神经网络中，层中卷积滤波器的数量在影响模型性能方面起着重要作用。较少的卷积滤波器在从数据中学习复杂模式时通常不太有效，并且更多的卷积滤波器基本上将导致更好的性能，增强的学习能力。然而，由于包括更大的模型架构和更多的参数，可能发生过拟合问题。在本节中，将研究此问题，卷积滤波器数量对模型性能的影响如图 4-6 所示。任务 T1 和 T2 用于调查。可以观察到，通常当卷积滤波器的数目不是很小时，卷积滤波器的数目对测试精度的影响不是很显著。当仅使用一个卷积滤波器时，获得显著低的测试精度，其低于 90%。然而，当应用更多的卷积滤波器时，测试精度通常稳定，并且高于 95%。当采用 20 个卷积滤波器时，观察到轻微的性能下降。尽管如此，这对一般模型性能没有明显的影响。因此，当数量不太小且具有合理的值时，基本上可以实现有希望的结果。

2. 样本数量的影响

在这一节中，研究了样本数对模型性能的影响。训练样本的数量也是数据驱动方法中的重要参数。通常，更多的训练样本导致更好的性能。然而，由于数据在不同的领域通常是昂贵的，所以总是优选以最少的数据实现良好的性能。实验结果示于图 4-7 中。任务 T1 和 T3 将在本节中重点讨论。值得注意的是，实验结果与我们在文献中的理解基本一致。当使用 300 训练样本时，在不同的任务中获得较低的测试准确率，其低于 87%。当采用更多的训练样本时，结果明显变好，基本上可以获得高于 92% 的测试准确率。当样本数大于 600 时，观察到测试性能的小波动。然而，相对于不同的样本数量，性能通常是稳定的。还注意到 600 训练样本大多数足以构建该问题的深度神经网络模型，这可以被认为是模型所需的最小数量。

3. 可视化

在本节中，通过深度神经网络模型学习的特征被可视化以显示方法的有效性。具体地，考虑最后一个完全连接层处的样本的高级表示。采用 t-SNE 方法对学习到的高维特征进行降维。可以获得两个新的维度并绘制用于可视化。任务 T1 和 T4 中的结果分别在图 4-8 和图 4-9 中示出。可以观察到，使用所提出的深度多维度剩余连接神经网络方法，不同的类相对于所学习的特征更加分离。有限的重叠之间的不同的类，这验证了所提出的方法可以实现高的测试精度的分类任务。DNN 方法在这种情况下竞争力较低。在学习的特征子空间中观察到不同类别之间的明显重叠，并且一些数据样本也位于其自身类别的聚类之外。这表明 DNN 方法在任务中不如所提出的方法有效。应该指出的是，神经网络方法是远远不够有效的案例研究中，可视化结果不携带足够的信息来证明的效果。本节中的结果以直观的方式验证了所提出的方法的有效性，这表明所提出的方法是相当有前途的自动运动员平衡控制能力的评估。

建议方法

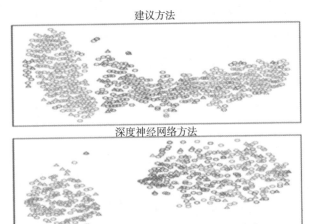

深度神经网络方法

○ ○ ○ 不同层次的训练数据
△ △ △ 不同层次的测试数据

图 4-8 学习后的可视化结果在任务 T1 中通过不同
方法得到的特征

建议方法

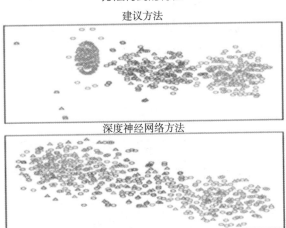

深度神经网络方法

○ ○ ○ 不同层次的训练数据
△ △ △ 不同层次的测试数据

图 4-9 任务 T4 中不同方法对学习特征的可视化结果

四、智能评估结论

本研究建立了一种用于智能运动员平衡控制能力评价的深度多维度剩余连接神经网络模型。对时间序列的足下压力测量数据进行了处理和分析。原始数据直接作为模型输入进行自动评估。不需要先验的信号处理知识，这使得它在实际应用中很容易。提出了一种多维度特征提取方法，该方法利用了不同类型卷积滤波器的学习特征。对学习到的特征信息进行融合，进一步提高了模型的训练能力。所提出的剩余连接块能够在保证训练质量的前提下，有效地提高模型的训练效率。这非常适合于深度神经网络体系结构，可以很容易地应用于不同的网络结构。对真实运动员足下压力测量数据进行了试验验证。结果表明，该方法具有较好的智能评价效果，为运动员测量数据的挖掘提供了一个新的视角。

该方法的优点在于采用端到端的建模结构，使得平衡控制能力评估任务的实现更加直观。另外，尽管结果很有希望，但应该指出，本文方法的主要缺点在于神经网络模型的结构，模型中考虑了3种网络方法，对于数据驱动的模型来说有点复杂。在保持模型性能的同时，对深度神经网络体系结构的优化将进行进一步的研究工作。

第三节　一种基于多头自注意机制的平衡控制能力评估的智能运动员信号处理方法

在不同的运动项目中，平衡控制能力对每个运动员都起着重要的作用。自由式滑雪属于难美类项群，在整套动作完成的过程中，追求"高、飘、美、难"，要求运动员比赛时动作要流畅舒展，以此来获得比赛高分。自由式滑雪空中技巧运动由助滑、起跳、空中翻转和落地 4 个动作组成，要求在大约 38°的斜坡平稳落地并滑出。由于空中技巧比赛场地在高山且是雪地，因此对运动员平稳地落地提高了难度，同时易造成运动员损伤。因此，教练员和运动员需要对平衡可控性进行准确、有效的评估，以科学地提高运动员的训练成绩。近年来，随着体育技术和训练设备的快速发展，对智能化、自动化的评估方法提出了更高的要求。笔者提出了一种基于深度学习的平衡可控性评估方法，包括分析运动员的时间序列信号。所提出的方法直接处理原始数据并提供评估结果，具有端到端的结构[15]。这种直接的结构便于其实际应用。采用深度学习模型，利用多头自注意机制探索目标特征，这是一种新的体育评估方法。在试验中，利用真实运动员的平衡控制能力评估数据对所提出的方法进行了验证。通过与现有不同方法的比较，所提出的方法在所有 4 项任务中的准确率均超过 95%，高于其他比较方法在每个级别包含 1 名以上运动员的任务中的正确率。结果表明，该方法在实际场景中对运动员平衡控制能力的评价是有效的。然而，降低所提出的方法的计算成本是未来研究的一项重要任务。

一、平衡控制能力的必要性

由于其重要性，几乎每一项运动都需要对运动员的平衡控制能力进行准确、有效的评估。同时，对运动员的科学管理取决于对其平衡控制能力的良好评估，包括选择、训练和比赛。准确评估平衡控制能力非常困难，因为在训练和赛事中产生了大量复杂的数据，还需要大量的专业知识和人力来从数据中挖掘运动员的

---

[15] Nolan L., Grigorenko A., Thorstensson A. Balance control: Sex and age differences in 9- to 16-year-olds Child[J]. Neurol. 2005, 47.

潜在能力，这使得在实际场景中很难进行出色的评估。自由式滑雪空中技巧项目是我国冬季奥运会雪上优势技巧类项目，运动员落地过程中需要较强的平衡控制能力保持自身平衡。落地成功率已经成为决定比赛成绩的重要因素，运动员良好的平衡控制能力是完成高质量动作的保障、取得优异成绩的前提。

近年来，随着测量设备和人工智能技术的快速发展，数据驱动的平衡控制能力评估方法已经取得了良好的效果。在笔者中，所有使用的数据都是使用运动压力测量机从运动员身上收集的。当一个运动员站在机器上，采集压力信号，反映运动员的平衡可控性。一般来说，运动压力越小，平衡控制能力越好；而运动压力越大，平衡控制水平越低。因此，我们可以分析数据来评估运动员的平衡控制能力，甚至探索他们的潜在能力[16]。

在传统的方法中，通常使用统计特征来评估平衡控制能力，如均值、均方根等。然而，这些方法过于简单，无法反映所收集数据中的复杂特征。近年来，许多信号处理方法已被用于提取更好的特征，如小波分析和随机共振技术。此外，将机器学习和统计推理技术用于相关问题非常流行，如人工神经网络（ANN）、支持向量机（SVM）、随机森林、模糊推理和其他技术。尽管现有的方法已经取得了成功，但它们通常无法处理收集到的运动压力数据，这些数据包含大量噪声。此外，不同水平的运动员，特别是职业高水平自由式滑雪运动员，平衡控制能力的区分相当困难，这使得现有的平衡控制能力评估方法难以使用。这对传统的数据驱动方法和相关问题来说也是一个巨大的挑战。

近年来，随着计算技术的快速发展，深度神经网络已成为人

---

[16] Bruijn, S.M.; van Dieën, J.H. Control of human gait stability through foot placement. J. R. Soc. Interface 2018, 15, 20170816.

工智能的先进选择方法，在图像识别和自然语言处理等多个领域取得了许多有效和丰硕的成果。深度神经网络可以通过大数据训练来自动学习输入数据和输出目标之间的映射函数，从而实现高预测精度。它们可以在没有信号处理或领域专业知识的情况下自动分析输入数据。因此，DNN 非常适合用自由式滑雪运动员的数据来评估平衡控制能力。

对于时间序列数据的分析，最近的研究显示了深度神经网络模型的许多良好应用，并且使用深度神经网络可以获得更高的特征学习效率。因此，深度学习正被用于各种类型的时间序列数据，如财务分析、交通监控、工业优化、机械故障诊断问题等。在相关研究中，将基于深度学习的 LSTM 方法用于新冠疫情传播预测，取得了巨大成功。然而，基础深度神经网络模型的简单结构不能很好地应用于具有相当复杂数据的实际任务。通常情况下，添加一些内部神经元和层可以增强学习能力。然而，与此同时，计算能力的消耗也在增加。另外，深层架构通常会导致特征信息的丢失[17]。

针对自由式滑雪运动员平衡控制能力的评估问题，提出了一种新的多头自注意机制。笔者的主要创新和贡献如下：

（1）使用多头自注意机制来自动学习具有多个独立头的特征，并使用残差连接结构来处理信息。头部具有相同的结构，但具有不同的初始参数，可以同时探索不同的信息特征。这种结构在深度学习领域非常先进。通过这种结构，我们可以有效地挖掘数据的深层特征。

[17] Qian C., Xu F., Li H. User Authentication by Gait Data from Smartphone Sensors Using Hybrid Deep Learning Network[J]. Mathematics 2022, 10, 2283.

（2）作为第一次尝试之一，本文提出了一种基于深度学习的自动特征探索和自由式滑雪运动员平衡控制能力评估方法，这些方法在现有文献中研究较少。

（3）采用真实的自由式滑雪运动员的脚下运动压力测量数据集对采用的方法进行验证，结果显示具有高度的评估准确性，并有望在实际场景中应用。然而，不得不说，由于多头自注意结构，所提出的方法在处理高维数据时效率低下，这导致了高昂的计算成本。

二、数据集和方法

（一）数据集

笔者使用从真实自由式滑雪空中运动员中收集的数据集，对提出的方法进行验证。数据集包括不同平衡控制水平的多个人员。他们需要站立在脚下的平衡仪上，并尽力闭眼保持静止。通过减少视觉干扰并专注于身体控制，旨在实现更好的平衡控制效果。平衡仪的面积为 65cm×40cm，并且平衡仪可以收集前后和左右两个方向的运动压力数据，分别表示为 Y 和 X。数据收集的场景如图 4-10 所示。

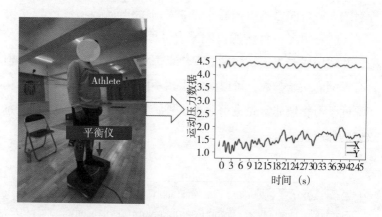

图 4-10　运动员运动压力数据采集试验场景

平衡控制能力的水平分为 4 类。具体来说，数据来自不同的群体，包括顶尖的自由式滑雪运动员、专业技能运动员、非技能运动的普通学生和普通人。这 4 个类分别表示为 A、B、C 和 D。平衡控制能力水平从 A 下降到 D。例如，A 组的能力最好，B 组的能力次佳。我们从每个级别中选出 3 名运动员，他们分别由 #1、#2 和 #3 代表。运动员必须保持上半身不动，闭着眼睛站着时用两只脚，以减少身体摆动。运动压力数据采样频率为 100 Hz。我们在表 4-1 中显示了本研究中使用的数据集的信息。

表 4-1　本文中使用的运动员运动压力测量数据集的信息

运动员水平	运动员人数	代码名称	采样频率
A	3	A#1，A#2，A#3	100Hz
B	3	B#1，B#2，B#3	100Hz
C	3	C#1，C#2，C#3	100Hz
D	3	D#1，D#2，D#3	100Hz

（二）数据集的预处理

在本研究中，该任务是通过从收集到的数据中学习特征来预测不同的运动员平衡控制能力水平。为了进行充分的检查。根据该方法，我们用不同的训练和测试数据集实现了 5 个任务，包括每个层次不同的运动员。这些任务如表 4-2 所示。每次采样器其中的包含 200 个连续点。所提出的方法和比较的方法可以通过使用广泛的试验设置的任务进行公平的评价。

表 4-2　本研究中使用的不同运动员平衡控制能力评估任务的信息

任务名称	相关运动员	每个运动员的样本数	训练与测试比率
T0	A#1，B#1，C#1，D#1	200	4：1

任务名称	相关运动员	每个运动员的样本数	训练与测试比率
T1	A#2，B#2，C#2，D#2	200	4∶1
T2	A#1，B#1，C#1，D#1 A#2，B#2，C#2，D#2	200	4∶1
T3	A#1，B#1，C#1，D#1 A#2，B#2，C#2，D#2	400	4∶1
T4	A#1，B#1，C#1，D#1 A#2，B#2，C#2，D#2 A#3，B#3，C#3，D#3	200	4∶1

（三）方法

我们所提出的方法的流程图如图4–11所示：

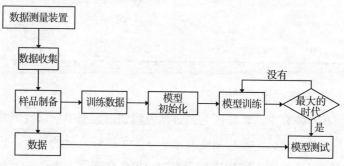

图4–11　方法的一般流程图

1. 建议的方法

在本文中，我们提出了一种基于Transformer的新方法。Transformer是一种自编码器（AE）的类型。自编码器是当前研究中最流行的神经网络结构之一，在许多应用场景中被广泛使用，例如图像分类任务、语音识别问题、视频处理问题等。

一般来说，自编码器包括编码器和解码器，它们是对称的。

编码器的作用是压缩输入数据，而解码器的作用是将编码器输出的数据解压缩成接近原始数据的形式。简而言之，自编码器用于重构输入数据。通过这种方式，自编码器可以自动探索输入数据的特征。这个过程可以表示为：

$$h[f(x)] \approx x \tag{1}$$

其中 x 是输入数据。函数 f 代表编码器，函数 h 代表解码器，它们是互为逆过程。编码器和解码器需要不同的构建方法。例如，Vanilla 自编码器由全连接神经网络构成，是最原始的自编码器。卷积神经网络（CNNs）也用于构建自编码器。

作为最新和最强大的自编码器之一，Transformer 最初用于自然语言处理，Transformer 的编码器和解码器主要依赖于自注意力机制。除了用于解决自然语言处理问题外，Transformer 还经过改进，用于处理图像分类任务和视频处理问题。其有效性在分析时间序列信号方面得到了很好的验证。

基本的 Transformer 包括输入层、多头自注意块、归一化层、前馈层和残差连接层。由于基本的 Transformer 用于自然语言处理，输入层包括词嵌入和位置嵌入。词嵌入用于将输入句子的单词转换为一系列向量，而位置嵌入用于描述句子中单词对应位置的信息。多头自注意块是探索输入数据特征最重要的部分。基本 Transformer 结构的细节如图 4-12 所示。

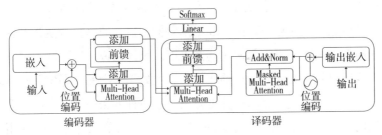

图 4-12　基本变压器的体系结构

基本的 Transformer 由编码器和解码器组成。它主要用于自然语言处理任务，其中输入数据和目标数据是包含复杂信息的句子。在这种任务中，研究人员使用编码器分析输入数据，使用解码器分析目标数据，并探索两者之间的关联。笔者仅采用基本 Transformer 的编码器部分。这是因为我们任务目标数据是类别编号，没有像句子那样的复杂信息。这意味着我们只需要探索输入数据并预测其类别。详细结构如图 4-13 所示。

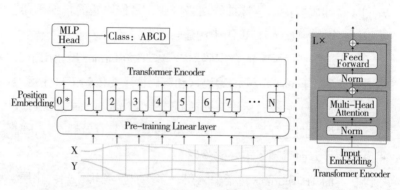

图 4-13　我们建议的翻译的详细架构

在 Transformer 编码器块之前，应使用可训练的预训练线性层扩展输入数据的维度，以便探索深层信息。在实验结果中，我们将展示这些层的显著有效性。此外，类似于大多数自然语言处理方法，我们提出了一种可学习的嵌入方法来处理输入数据，其在 Transformer 编码器输出时的状态作为输入数据的表示。

经过上述操作，Transformer 编码器的输入数据被转换为一系列向量。因此，不需要使用词嵌入层。具体来说，位置嵌入层需要描述时间序列的时间点顺序信息，例如句子中的单词位置。

实现位置嵌入有两种常见方法。第一种方法是随机生成一系列向量，并在训练过程中对其进行更新；而第二种方法是使用正弦和余弦函数对信息进行编码。笔者选择了第一种方法。在这两种方法中，我们需要创建一个形状与输入数据相同的矩阵，并使用上述方法之一对其参数进行赋值。然后，将该矩阵添加到输入数据中。

Transformer 的核心是自注意机制。它的功能是计算输入数据的各个部分之间的关系，这些数据通常是顺序数据，并且关系通过一系列概率来表示，其总和为 1。根据这些概率，该机制将对应部分的输入数据分配不同的权重。

在本研究中，自注意机制是从注意机制进行修改的。在注意机制中，输入部分包括 3 个矩阵 Q、K 和 V、K 和 V 来自输入数据，而 Q 通常来自输出数据。在自注意机制中，所有矩阵都来自输入数据。此外，注意机制通常用于连接编码器和解码器的输出。自注意机制是编码器和解码器结构的核心。3 个矩阵的生成方法可以表示为：

$$X \cdot W_Q = W$$
$$X \cdot W_K = K \qquad\qquad (2)$$
$$X \cdot W_V = V$$

其中，X 是输入数据，其长度等于时间步数；W_Q、W_K、W_V 是具有相同形状但不同参数的 3 个矩阵，参数可以通过训练进行改变。操作 · 表示点击。自注意机制的计算可以定义为：

$$\text{Self-Attention}\,(Q、K、V) = \text{softmax}\left(\frac{Q \cdot K^T}{\sqrt{d_k}}\right) \cdot V \qquad (3)$$

基于自注意机制，多头自注意块可以有效地探索输入数据的特征。多头自注意方法涉及使用多个自注意块同时对相同数据进行探索，然后整合每个块的结果。需要注意的是，一个块被称为一个头。

通常有两种方法可以实现多头自注意块。第一种方法是将输入数据映射到 Q、K、V，而不改变形状，并将它们均匀地分成许多小矩阵。然后，使用自注意机制对它们进行计算。另一种方法是将输入数据映射到具有相同形状的 Q、K、V，该形状等于输入数据的维度乘以所需的头数，然后使用自注意机制对它们进行计算，最后将结果映射到与输入数据形状相同的矩阵中。通过这种方式，可以自由设置头的数量，但会消耗更多的计算资源。笔者选择了后一种方法。

在 Softmax 函数中，我们用 x (i) 表示输入样本，用 r (i) 表示相应的类标签；i=1, 2, ……, N, 其中 i 是训练样本的数量，N 是样本数量。我们还有 x (i)∈Rd×1 和 r (i) ∈{1,2,……,L}，其中 L 是本文中目标类别的总数。根据输入数据 x (i)，该函数可以给出不同类别标签的概率 P [r (i) =j|x (i)]。计算基于以下算法进行：

$$
J_\lambda(x^{(i)}) = \begin{bmatrix} p(r^{(i)}=1 \mid x^{(i)}; \lambda) \\ p(r^{(i)}=2 \mid x^{(i)}; \lambda) \\ \vdots \\ p(r^{(i)}=L \mid x^{(i)}; \lambda) \end{bmatrix} = \frac{1}{\sum_{l=1}^{L} e^{\lambda^T \cdot x^{(i)}}} \begin{bmatrix} e^{\lambda_1^T \cdot x^{(i)}} \\ e^{\lambda_2^T \cdot x^{(i)}} \\ \vdots \\ e^{\lambda_L^T \cdot x^{(i)}} \end{bmatrix} \tag{4}
$$

其中 λ= [λ1, λ2, ……, λL] T 表示 Softmax 函数的系数。Softmax 函数的输出值都是正数，它们的总和为 1。因此，Softmax 函数的结果可以用于预测目标类别的概率，并评估自注意机制中输入数据各部分之间的关系。

在多头自注意块之后，还有一个前馈层块，用于再次探索 Transformer 编码器块的输出。该块的核心是一个 MLP 模型，由两个具有 GELU 非线性激活函数的线性层组成。在 Transformer 编码器中，多头自注意块和前馈层块之前应用了归一化层，并在每个块之后使用了残差连接。在 Transformer 编码器之后设置了

MLP头，它作为分类器来预测输入数据的类别。MLP头包含两个线性层。

最后，我们选择 Adam 优化器来进行所提出方法的优化。

2. 比较方法

所提出的 Transformer 模型提供了一种利用人工智能技术评估运动员平衡控制表现的新视角。在本文中，我们还实现了当前文献中一些流行的方法进行比较，以证明所提出方法的有效性和优越性。以下方法包括在内：

（1）基本神经网络

作为典型的神经连接方法，我们选择基本神经网络（NN）进行比较，它包括一个具有 1000 个神经元的隐藏层，一个 leaky ReLU 激活函数和其他典型操作。

（2）深度神经网络

深度神经网络（DNN）基于基本神经网络结构。使用的 DNN 方法包括 3 层，分别具有 1000 个、1000 个和 500 个神经元。同样，还采用类似的技术，如 leaky ReLU 激活函数等。

（3）深度单尺度卷积神经网络

深度单尺度卷积神经网络（DSCNN）方法是一种基本且流行的深度学习神经网络，被广泛用作构建许多复杂网络（如 LeNet–5、Alex–Net、VGG–16 等）的基本单元。在比较中，我们使用一个具有一个卷积滤波器尺寸的基本网络进行特征提取。

（4）递归神经网络

递归神经网络（RNN）方法是一种典型的深度学习神经网络，适用于处理序列数据。因此，我们可以更好地展示所提出方法的优势。

（5）随机森林

随机森林是一种经典的机器学习方法，广泛用于分类任务。

它由许多决策树组成，每个决策树都独立工作。该方法在处理噪声方面表现良好。因此，它可以作为一个合适的比较方法使用。

三、信号处理方法结果分析

（一）实验说明

我们的实验组织如下所述。实验 1 旨在展示在 Transformer 编码器之前使用预训练线性层的必要性。实验 2 旨在寻找所提出方法的最佳超参数。实验 3 旨在通过与其他方法的比较展示所提出方法的优越性。实验中的参数列在表 4-3 中。测试数据被纳入参数选择过程中，因此准确性评分可能存在偏差。所选参数是深度学习框架的常规选择，可以广泛应用于不同的应用领域。

表 4-3　参数信息

参数	价值	参数	价值
批量大小	32	学习速率	1×10^{-4}
时代数量	100	样品尺寸	200×2

（二）结果与分析

1. 实验 1

在实验 1 中，我们旨在研究预训练线性层的影响。因此，我们设置了一个带有线性层的实验组和一个不带线性层的对照组。随后，我们为预训练线性层设置了 512 个神经元，使用了一个包含 8 个头部的 12 层 Transformer 编码器用于多头自注意部分。每个头部有 32 个维度，并且前馈部分的输出层包含 64 个神经元。5 个任务的结果显示在图 4-14 中。

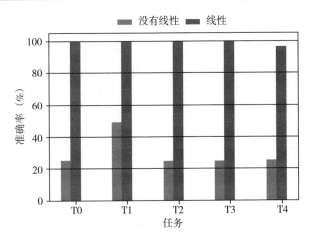

图 4-14　采用训练前线性层和无训练前线性层的实验结果

在图中，带有预训练线性层的方法的准确度明显高于没有预训练线性层的方法。预训练线性层在探索输入数据的特征方面发挥了重要作用，这将在接下来的部分进行研究。

2. 实验 2

在实验 2 中，我们研究了提出方法的最佳超参数，包括 Transformer 编码器块的深度、预训练层神经元数量、多头自注意力头的数量、每个头的维度以及前馈块的输出维度。我们选择 T2 数据集来训练所提出的方法。

首先，我们研究了 Transformer 编码器块的影响。因此，我们将预训练层神经元数量、多头自注意力头的数量、每个头的维度以及前馈块的输出维度设置为（512，8，32，64），结果如图 4-15 所示。根据结果，多层方法比单层方法更有效。然而，较大的 Transformer 编码器深度通常并不导致更好的结果。当多层方法的深度增加时，准确度并没有显著提高。

其次，预训练层神经元数量是提高方法有效性的重要因素。我们将所提出方法的参数设置为（6，8，32，64）。根据图 4-16a，随着预训练线性层神经元数量的增加，所提出方法的准确度也增加。特别是，与输入数据的维度相比，当神经元数量增加时，准确度显著提高。根据图4-16b，对于神经元数量小于输入数据维度的方法，训练损失函数减小缓慢或变化不大。然而，当神经元数量大于输入数据的维度时，训练损失函数迅速减小。在本研究中，发现神经元数量对所提出方法的训练有最大的影响。

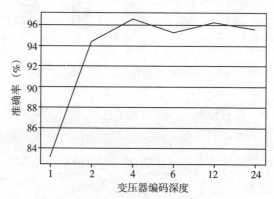

图4-15 传输深度的影响

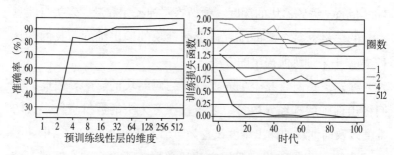

图4-16 对训练前线性层尺寸的影响

（a）对测试精度的影响；（b）对训练损失的影响

其次，多头自注意力头数的影响如图4-17所示。参数设置为（6，512，32，64）。结果显示，超过2个头数是合适的，这意味着多头自注意力比基本自注意力更有效。

此外，每个头的维度在所提出方法中也起着重要作用，如图 4-18 所示。参数设置为（2，64，4，64）。一般而言，可以观察到随着每个头的维度增加，测试准确度也会增加。

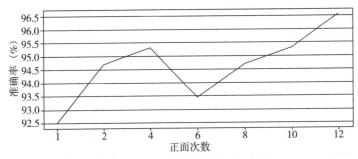

图 4-17　多头自适应者数量的影响

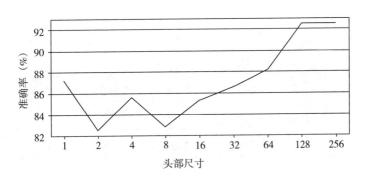

图 4-18　多头自注意头维度的影响

最后，我们使用参数（4，128，4，64）对前馈层的输出维度进行了研究。结果如图 4-19 所示。可以观察到输出维度对测试准确度有很大影响。具体来说，最小准确度比最大准确度低了约 8%。

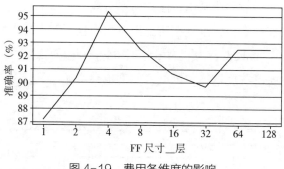

图4-19 费用各维度的影响

3. 实验3

在实验中，我们将提出的方法与之前提到的现有方法进行了比较，以展示提出的方法的优越性和有效性。结果显示在图4-20中。

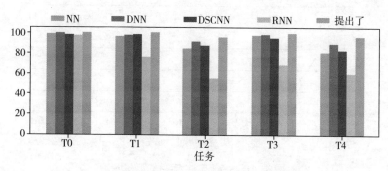

图4-20 不同比较方法在不同任务中的结果

从图4-20中可以明显看出，所提出的方法的学习能力要比其他方法更好，其在所有任务中的测试准确率水平都高于95%。尽管每种方法在任务T0中表现良好，该任务只包含每个级别的一个运动员的数据，但应注意到任务T1也只包含每个级别的一个运动员的数据。然而，除了所提出的方法外，所有方法的准确率水平都有不同程度的降低。根据 T2 和 T4 的结果，当使用不同运动员的数据时，每种方法的准确率都有所下降。而所提出的方法的准确率保持在 95% 以上，而其他方法的准确率都降至 90% 以下。

此外，在图 4-21 ~ 图 4-23 中，我们使用 T-SINE 算法对方法的特征进行降维和学习特征的可视化处理。特别是，我们将所提出的方法与 DNN 方法进行了比较。很明显，所提出的方法的区分效果更好。与所提出的方法相比，DNN 方法的不同聚类之间更加重叠。

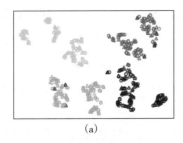 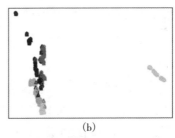

(a)　　　　　　　　　　　　(b)

图 4-21　任务 T2 使用不同方法学习特征的可视化结果。不同的颜色代表
不同的运动员；平衡控制能力水平：
(a) 我们所提出方法的结果；(b) 是 DNN 方法的结果

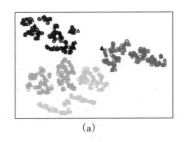 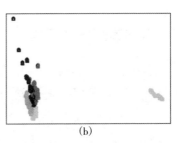

(a)　　　　　　　　　　　　(b)

图 4-22　在任务 T3 中使用不同方法的学习特征的可视化结果。不同的颜
色代表了不同运动员的平衡控制能力水平：
(a) 我们所提出方法的结果；(b) 是 DNN 方法的结果

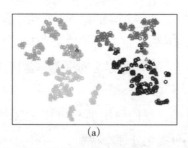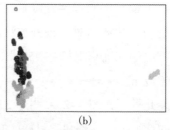

(a)　　　　　　　　　　　　　(b)

图 4-23　使用不同方法对任务 T4 的学习特征进行可视化的结果。不同颜
色代表不同运动员的平衡控制能力水平：
(a) 我们所提出的方法的结果；(b) DNN 方法的结果

从图 4-20 中，我们可以看出，在比较的方法中，DNN 是表现最好的方法；有时其准确率接近于所提出的方法，比如在任务 T3 中，但图 4-19 展示了它们使用散点图的聚类效果。显然，所提出的方法的散点图显示了结果的聚类具有清晰的边界，而 DNN 的散点图显示聚类杂乱无章，这意味着 2 种方法的特征之间存在很大的差异，而所提出的方法的效果明显更好。

此外，图 4-21 和图 4-23 显示了当采样频率变得稀疏并且每个级别的运动员数量增加时，所提出的方法仍然保持了对数据深层特征的出色探索能力。相比之下，DNN 方法的结果变得更加混乱。

四、结论和未来工作

笔者提出了一种基于简化 Transformer 的深度神经网络模型，用于评估运动员的平衡控制能力，该模型处理和分析来自平衡仪的时间序列压力测量数据。原始数据直接用作模型的输入，进行自动评估，无须任何先前知识。因此，它非常适合各个行业的实际应用中。

多头自注意力过程是所提出方法的核心，它计算输入时间序列数据每个点之间的深层连接，并通过这些计算来探索复杂特征。此外，预训练线性层也是必要的，用于扩展原始输入数据的维度，以暴露深层信息。这两个部分的连接可以提高模型的训练效率和质量，使其非常适合处理带有时间序列数据的许多任务。在实验中，我们使用了真实的自由式滑雪运动员脚下压力测量数据集进行验证。结果表明，所提出的方法在智能评估自由式滑雪运动员平衡控制能力方面具有许多优势。它在实际场景应用中有望取得显著的成功。

然而，需要指出的是，所提出的方法通常需要大量计算资源，特别是在处理大规模的自由式滑雪运动员数据时。此外，为了更高效、准确地评估平衡控制能力和其他相关能力，我们未来可以使用自由式滑雪运动员的高维数据。因此，我们将进一步研究减少所提出方法的计算负担，以及优化深度神经网络架构。在下一阶段的研究中，我们还将提出更好的预处理方法。

第五章
基于高水平运动员可持续发展的冰雪运动推广模式的研究

　　本章提要：2022 年冬季奥运会将进一步激发民众对奥林匹克运动的热情，冬季奥运会将带动中国"3 亿人参与冰雪运动"。"少年智则国智，少年富则国富，少年强则国强"，青少年是祖国的未来，是实现中国梦的力量与源泉，因此以冬季奥运会承办为契机加快普及青少年冰雪运动是近阶段青少年阳光体育的重要战略内容。但现实的情况存在辽宁省冬季群众体育氛围不浓厚、场地设施配备不平衡、媒体宣传报道不广泛、政府政策支持不重视、学校教师实施不认同、家长安全预期不正确、教材师资配套不对称等诸多方面的问题，且缺乏冰雪运动校园行工作的具体课程内容体系等有力抓手，致使辽宁省各部门与优势资源并未形成合力，不利于促进青少年冰雪运动的广泛开展。本研究以辽宁省"冰雪运动校园行"开展路径作为研究对象，研究过程中主要以沈阳市中小学冰雪运动的开展情况为调查对象，其中针对项目特点以沈阳铁路第五小学、沈阳市辉山学校、沈阳市第二十中学和沈河区朝阳一校作为参考依据。研究中主要运用文献资料法、访谈法、实地考察法对其冰雪运动校园开展路径进行调查研究，得出以下主要结论建议：

（1）开展公益性冰雪运动公开课弘扬奥林匹克精神，广泛开展青少年冬季健身活动，为 2022 年冬季奥运会营造良好的社会氛围，举办"百万青少年助力冬季奥运会"等主题的冰雪公益活动。

（2）开展校园冰雪系列赛。在开展阶段性的冰雪运动后，为了丰富同学的第二课堂生活，提高学生对冰雪运动的热情和运动水平，体会冰雪运动的真正魅力，加强同学们之间的友谊，提高学生学习冰雪运动的兴趣，推动素质教育，协助学校组织以班为单位报名的校园冰雪运动比赛。

（3）开展冬季训练营和校园冰雪节，每年 1～2 月份组织的冬季训练令营与瑞士、美国、加拿大、法国等国及国内著名冰雪机构合作，举办滑雪、冰球、冰壶等体验、集训、测评、比赛，并且推进校园冬季冰雪文化活动，为师生举办别开生面的校园冰雪节、冰雪季、冰雪嘉年华等丰富多彩的冰雪节目，采用课堂与课外相结合，艺术与体育相结合，安全与健身相结合的方式。

（4）进行冬季奥林匹克文化宣传推广冰雪文化，意在通过宣讲，让广大学生了解文化的含义、冰雪自然环境、冰雪生态环境，组织系列冰雪主题书画、诗歌、展演活动。

一、问题的提出与政策背景

（一）问题的提出

习近平总书记也曾经在相关会议上发表讲话，表示党和国家应该高度重视我国体育事业的发展，并且指出自十八大以来党中央也就体育事业的发展作出了一系列的规划部署，要加快我国体育强国的建设，开创我国体育事业的新局面，以此促进人们幸福感以及安全感的提升。2022 年北京冬季奥运会对我国冰雪产业有重要的推动作用，冰雪参与人口、场地建设、赛事数量、冰雪运动教育需求将增加，冰雪产业发展潜力逐渐释放，但各类冰雪体育人才的培养也继而成为突出矛盾。对冰雪类人才的培养模式及时更新，才能提高培养质量，满足冰雪产业对人才需求的多层次、多规格、多样化要求，提高服务技能推动冰雪产业发展[18]。

按照国家关于发展冰雪运动的总体部署和要求，积极贯彻落实《教育部国家体育总局北京冬奥组委关于印发〈北京 2022 年冬季奥运会和冬残奥会中小学生奥林匹克教育计划〉的通知》（教体艺〔2018〕1 号）和《关于全面加强和促进新时代学校体育工作的意见》精神，根据《关于加快推进全国青少年冰雪运动进校园的指导意见》深入落实以增强中小学生体质，培养青少年拼搏进取、团结协作的体育精神为宗旨、通过广泛开展校园冰雪活动，建立完善沈阳市中小学生校级冰雪联赛，从而培养全面发展、特长突出的青少年冰雪后备人才。

本研究根据现有青少年学生参与冰雪运动的比例，结合冬季奥运会的筹办大力开展各类冰雪教学竞赛、展示活动，加强青少年冰雪运动的普及和冰雪项目的开发，进行对沈阳市中小学冰雪运动的开展情况探索研究。主要从冰雪运动校园行的培养目标、培养过程、课程设置以及冬奥文化宣传等方面出发，通过对国内的冰雪运动校园行的路径研究作为基础，为我国的"冰雪运动校园行"的开展路径提供一定的理论基础和研究依据。

（二）研究背景与政策

1. 研究背景

在 2019 年 6 月，我国教育部与其他 4 个部门创造性地联合下发了《四部门关于加快推进全国青少年冰雪运动进校园的指导

[18] 黄培真. 辽宁省高校冰雪运动校园推广现状及路径研究 [D]. 沈阳体育学院，2020. DOI:10.27329/ d.cnki.gstyc.2020.000033.

意见》（简称《意见》），并明确指出：要将东北、华北以及西北地区作为开展冰雪运动特色学校以及试点工作的重点地区，逐步设置校园冰雪改革试验区，以此为基础建立完备的校园冰雪运动教育体系。《意见》的颁布实施，对我国冰雪运动特色学校以及校园冰雪改革试验区的未来发展作出了明确的指示，它标志着"冰雪运动进校园"战略计划的实施步入了全新的发展阶段，通过遴选与评定数量若干的冰雪运动特色学校，在全国范围内确立发展的"榜样"，形成"以点带面"的发展态势。成为了真正意义上推动冰雪运动青年才俊数量快速增长的助推器，学校体育课程内容多元化的催化剂。最新数据显示，截至 2020 年，我国已先后评选出上千所国家级冰雪运动特色学校。各省市也随之实施了地区性冰雪运动特色学校的遴选与评定工作，有效地推进了我国"冰雪运动进校园"战略决策的全面实施。由此可见，冰雪运动特色学校的建设将成为我国发展校园冰雪运动的主流趋势。针对不同类别的冰雪学校因地制宜，逐步构建冰雪氛围与校园教学有机融合的机制，同冰雪体育产业以及国家冰雪运动人才输送联系在一起，对各类冰雪资源进行充分的吸收和整合便是未来工作重心所在。从而实现构建起有效确保冰雪运动校园行发展获得新可持续性动力的运行机制。这也是吸引更多的青少年喜爱冰雪运动与促进整体国民体质水平提升的重大创新。

2. 政策

2014 年 2 月，习近平总书记在会见国际奥委会主席时提出，2022 年冬季奥运会将进一步激发民众对奥林匹克运动的热情，奥会将带动中国"3 亿人参与冰雪"。

2014 年 10 月 20 日，国务院发布《关于加快发展体育产业促进体育消费的若干意见》明确将全民健身上升为国家层次战略，并提到截至 2025 年，整个国家的体育产业体系将会相当完备以及齐全，而届时体育产业的资金总和也将超过 5 万亿元。

2016 年 11 月 2 日，国家体育总局发布了《冰雪运动发展规划（2016—2025 年）》和《全国冰雪场地设施建设规划（2016—2022 年）》，以及召开"推进'冰雪运动进校园'专题研讨会"，会中明确指出弘扬奥林匹克精神，鼓励大众开展体育运动，特别是引导青少年和大学生群体通过积极参与体育健身运动强健体魄、砥砺意志，高校责任重大。冰雪运动校园行已经纳入《教育部体育卫生与艺术教育司 2018 年工作要点》（教体艺司函〔2018〕5 号）。

2018 年全国两会期间，教育科学文化卫生委员会主任陈宝生在接受记者采访时也指出，为迎接北京冬季奥运会，教育部重点要做的工作，一是要在中小学建设冰雪运动特色学校；二是要鼓励高校组建高水平运动队。相关政策的出台既明确了我国未来一个时期内冰雪运动发展的路线图，又是对满足人民日益增长的美好生活需要这个新的社会主要矛盾的呼应。

按照国家关于发展冰雪运动的总体部署和要求，积极贯彻落实《教育部国家体育总局北京冬奥组委关于印发〈北京 2022 年冬季奥运会和冬残奥会中小学生奥林匹克教育计划〉的通知》（教体艺〔2018〕1 号）和《关于全面加强和促进新时代学校体育工作的意见》精神，根据《关于加快推进全国青少年冰雪运动进校园的指导意见》深入落实以增强中小学生体质，培养青少年拼搏进取、团结协作的体育精神，广泛开展校园冰雪活动。

（三）研究意义与研究方法

1. 理论意义

2022 年北京冬季奥运会是对全国体育战线一次检阅和考验，也是我国冬季项目发展的重大机遇和挑战，同时为我国冬季体育运动项目的发展提供了难得的历史机遇。通过冰雪进校园活动能够根据国家"十三五"规划以及"党的十九大"精神，紧紧围绕习近平总书记的"三亿人参与冰雪"战略和国家体育总局备战打好 2022 年冬季奥运会目标，做好备战北京冬季奥运会的各项工作。同时，辽宁省体育局也将冰会同有关部门紧密围绕冬季奥运会的筹办，以促进青少年身心健康、体魄强健为目标，大力推动青少年冰雪运动的开展。以奥林匹克精神感染和带动中小学生，开展爱国主义、集体主义教育，提高中小学生东道主意识，夯实冬季运动青少年基础，增强中小学生体质，传播积极健康的生活方式，引领健康学习生活新时尚。

2. 现实意义

通过冰雪进校园活动，促进编发冰雪运动普及教程读本、冬季运动知识手册、冬季运动健身指导及冰雪运动防护手册等宣传资料，搭建信息传播平台，鼓励电视、广播、报刊、杂志等开办冰雪运动节目和专栏，构建"互联网 +"模式，扩宽冬季运动文化传播渠道。通过冰雪知识竞赛、冰雪大讲堂等多种形式，推动群众冬季运动报道、健身常识推送、工作经验交流、特色成果展示等，增强群众参与冬季运动健身意识，积极引导群众积极参加冬季运动。支持鼓励优秀运动员参加冬季运动项目推广活动和公益活动，充分展示冬季运动项目的文化魅力。

3. 研究方法

（1）文献资料法：通过查看冰雪体育资料以及国家体育总局出台的相关文献、互联网搜索引擎、检索中国知识网等数据库，查阅了沈阳体育学院图书馆，以及国家图书馆和冰雪产业的微信公众号等，还购买和借阅了冰雪运动的期刊、中国知网的硕士论文，并对查询资料进行详细分析与记录，作为编写本章的理论依据。

（2）谈法：为了更充分地了解辽宁省中小学冰雪运动的现

状，对冰雪方面相关专家进行了咨询和访谈，深入地了解辽宁省冰雪运动的开展现状，冰雪运动后备人才的培养、冰雪产业的规划等，也为本课题的设计思路提出了建议。

（3）实地考察法：为调查辽宁省冰雪运动进校园的开展现状，走访了多家有关冰雪特色学校，实际现场考察，发现当下冰雪运动进校园的主要问题，作为编写本章的实践依据。

二、国内外研究现状

（一）国内冰雪发展情况

冰雪项目在我国古代有着较为悠久的发展历史，宋朝时冰上运动已成为一项民间娱乐活动，人们将其称之为"冰嬉"，《宋史·礼志》一文有着"观花，作冰嬉"的记载。明朝时期冰嬉从民间娱乐活动上升为宫廷体育活动，这主要得益于皇室对冰上运动的重视，尤其乾隆皇帝十分喜好冰嬉，相当重视冰上运动，并将其定为"国俗"，亲自为其写序赋诗，这就促进了清朝冰上运动在民间和皇室的发展。清朝是中国古代花样滑冰的黄金时代，在这一时期冰上项目有着迅速的发展，同时铁制单冰刀、双冰刀的相继出现也在一定程度上促进了冰上项目的多样化发展。

20 世纪 60 年代初期，冰上运动开始在中国北方盛行，在一段时间内曾一度成为北方地区冬季主要的体育活动和娱乐项目，至 20 世纪 70 年代末，我国的冰上运动进入一个高峰期，在当时的北方地区，绝大部分中小学、大学会在冬季开设冰上项目，只是当时设施条件较为简陋，浇筑冰场是重要的场地形式。20 世纪 80 年代末期，在社会转型的新形势下我国的冰上运动出现一段时间的搁浅期，室外场逐渐消失。

杨国庆、王凯、闫蕾（2017）在《北京冬季奥运会背景下我国冰雪运动推广与发展研究进展》中借助科学知识图谱统计等研究方法，对 2008—2017 年的相关冰雪运动普及及发展有关研究进行细致的分析，研究显示近些年来冰雪运动的研究热度在逐年提升，研究发现冰雪运动推广及开展意义的研究较多，对于冰雪运动研究的对象相对重复和泛化，研究的主体对象不细致、不明确，研究的大方向及研究的侧重点偏向与群众冰雪运动及奥运公关有关，对于高校及冰雪运动开展的基本理论研究，冰雪运动产业的研究不足深入程度不够。

庞博韬、刘俊一（2019）在《冰雪运动进校园的价值与实施路径》一文中研究发现，在我国由于受到地域条件的影响，现阶段冰雪运动出现了不均衡的发展态势，地域上冰雪运动主要在东北地区开展，目前吉林、黑龙江、北京、内蒙古、新疆、河北、辽宁等地区的开展较好，其他地区暂时还处于初级起步阶段，冰雪运动进校园的阻力较大，虽然在东北地区举行了"百万学生上冰雪活动"，但由于受到场地、器材设施，自然气候及师资条件等影响，加之没有成形配套的课程框架体系，冰雪运动进校园的阻力较大。经过研究提出：冰雪运动进校园可以融合更多的中国传统文化和奥林匹克文化，加强文化内在引导力融合，在校园冰雪运动推广上可以通过政策保障、加强完善师资保障、优化课程内容体系、强化场地设施建设等路径进行优化。

（二）国外冰雪发展情况

冰雪运动在国外的发展并不仅限于学生，冰雪运动爱好者遍布各个年龄阶层。其原因主要有两个方面：首先，以欧美和北美国家为例，所处地理位置纬度较高，冰雪景观随处可见，当地还有着传统的冰雪历史和传统。西方人更加追求战胜严寒，挑战大自然，这种内在的价值趋向是欧洲冰雪运动发展盛行的直接主观因素。

SoligardTorbjørn（2019 年）研究提出 18 世纪下半叶日内瓦人首次登上了欧洲的最高峰，为欧洲冰雪运动的发展开启了新的篇章，当然冰雪运动的发展离不开当时的文化背景，受到文艺复兴浪漫主义和人文主义思潮的影响，回归大自然、寻找自我成为欧洲体育新的价值趋向，登山和滑雪等冬季体育项目受到广泛的关注，瑞士迅速成为冰雪运动发展的中心。在当时的全世界范围内英国属于工业化发展最为发达的国家，因此前往瑞士旅游的以英国人为主，作为一项独具魅力的旅游产业，冰雪运动对欧洲经济发展以及经济模式的转型都有着十分重要的作用。瑞士在工业化进程中修筑雪山公路和铁路，随后出现大量的旅游宾馆，这些硬件设施的建设间接促进了冰雪运动在欧洲的发展。

Editorial（2019 年）从对比分析角度指出中国和日本在高校冰雪运动项目发展上的 3 大差别：第一，硬件设施的差别。在日本中大型城市，普通高校都会设有专门的冰雪场地供学生使用，即使受客观条件限制无法设置专门场地，学生也可以以较低的成本使用城市相关场地。第二，冰雪运动器材配备的差异，日本政府对冰雪器材进行统一的管理和配备，支出纳入政府财政计划，冰雪器材购置支出由政府全额承担，并且在质量上严格把关。第三，运动重视程度的差异，日本每年冬季都会以城市为单位，在高校之间举办冰雪运动比赛，胜出的学校可以获得较高的荣誉，而且政府行政单位和学校领导极其重视这一荣誉。

Hickle（2020 年）研究提出，除日本外德国也是十分重视冰雪运动的国家。德国位于欧洲大陆的中部，纬度较高，冬季时间比较长，广阔的平原以及丰富的冰雪资源。为冰雪运动提供了良好的基础条件。研究指出冰雪运动在德国的群众基础远远高于中国，居于世界的领先地位，德国高校冰雪运动作为一项技能考核项目，标准之严格已经达到了初级竞技体育比赛的水平。

NiedermeierMartin（2019 年）在研究中指出，德国体育的发展注重群众体育，把群众体育作为了发展竞技体育的基础，又利用竞技体育来推动群众体育有序、协调发展，但在全面发展体育的理念中学校体育占据着重要的位置，德国冰雪体育之所以处于领先水平，这取决于德国对校园冰雪运动的推广力度。

综上所述，外文文献研究显示国外的有关研究主要集中于研究冰雪运动的核心构成、研究的重点在运动员的训练指标及训练因素，对于冰雪运动在校园开展的策略研究较少。另外，通过梳理发现欧美等冰雪运动发达国家有着较为典型的特征。第一，有着较为深厚的冰雪文化底蕴，文化的深远影响推动着冰雪项目的发展；第二，良好的地理优势是项目开展的先决条件；第三，政府对冰雪运动项目的重视程度和扶持力度，营造出良好的群众基础和文化氛围；第四，重视对校园冰雪运动人才的培养，学校体育、竞技体育、社会体育三者协调发展，我国冰雪运动项目的发展，缺少竞技体育、大众体育以及学校体育之间的联系，冰雪运动的普及与推广还需进一步探究与实践。

美国学者拉斯韦尔在 1948 年最早通过构建模式的方法对文化传播活动进行分析，提出了著名的 5W 模式，5W 模式包括 Who → SaysWhat → InWhichChannel → Towhom → Withwhateffects 5 大方面。人类社会传播活动过程中，"who" 作为推广者，是指哪些人哪些组织或者机构进行推广；"Sayswhat" 是指推广者说了什么，即推广者需要推广的内容；"InWhichChannel" 是通过什么渠道，内容需要通过什么方式进行推广，推广途径体现在哪些方面；"Towhom" 对谁，也就是推广内容作用的对象；"Withwhateffects" 取得什么效果，体现推广的最终目的，即推广需要达到的实际效果。5W 模式通过对出传播学基本内容和研究范围进行了界定，对传播学的发展产生了深远的影响，本论文推广路径的研究是基于拉斯韦尔 5W 模式的基础上进行的（图5-1）。

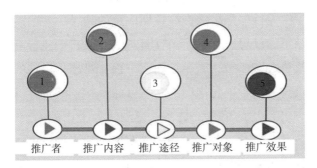

图 5-1　5W 推广模式示意

5W 推广模式对传播学基本内容和研究范围进行了细致的划分，但通过对冰雪运动校园推广实际需求的分析发现，单凭对 5W 模式 5 个内容的分析描述，在实际推广中还具有一定的局限性。这就需要对推广模式进行丰富，经过笔者的实际走访调查，访问相关领域的专家后对 5W 推广模式进行了扩充，在原有模式的基础上引入了推广目标因子。推广目标是冰雪推广预期取得的结果，是评价和判断最终推广效果的依据，推广目标内容的补充，可以使推广路径变得更为完善。

图 5-2　冰雪运动在辽宁省的开展路径示意图

传统校园推广模式的滞后是制约辽宁省冰雪运动高校推广的原因，借助拉斯韦尔5W推广模式对传播冰雪推广路径进行了优化，通过图5-2可以看出新推广模式需要立足于以下方面；"Target"作为目标是冰雪推广预期取得的结果，是冰雪运动推广预期结果的设想；"Who"作为冰雪运动推广的主导者，包括政府行政机关和学校主管单位两大方面，对冰雪运动的校园推广工作负责，设置项目推广的实际目标；"Says What"说什么，推广主导者传达的信息，是冰雪运动实际推广的内容；"With Channel"传播媒介，推广的内容需要通过什么渠道进行推广与传播，具体需要哪些途径来完成；"To whom"对谁，推广内容和途径最终指向的对象，也就是高校全体学生；"In Which what effects"产出什么，推广作用主体最终取得的效果，效果的优劣则需要通过预定目标进行判断。

三、可持续发展冰雪运动的推广任务

（一）明确冰雪运动的推广者和任务

推广者处于辽宁省冰雪运动校园推广模式的中心地位，起到重要主导作用。推广者需要制订宏观推广方案，完善顶层设计，在政策制订、目标设计、推广实施、监督评价、反馈调节等各个环节起到重要引领，包括政府相关行政机关和学校主管单位两大方面。为推动辽宁省冰雪运动的发展，政府行政机关和学校主管单位需要联合起来，以国家冰雪运动发展规划为导向、辽宁省冰雪运动发展为依托、教育教学环境为参考，制订出具体的、行之有效的推广内容，确保中小学冰雪运动的顺利实施。国家体育总局冰雪项目运动管理中心为核心，以省市体育局、教育文化体育局等各级部门为牵引，全面保障冰雪运动在辽宁省中小学的顺利实施和推广。政府相关行政机关推广的主要任务是树立中国梦、体育强国梦的核心思想，以 2020 北京冬季奥运会为契机，以《"带动三亿人参与冰雪运动"实施纲要》《冰雪运动发展规划（2016—2025 年）》《冬季项目竞技体育后备人才中长期规划》为引领，传达落实相关文件精神，与校园冰雪负责人做好沟通交接工作，加大冰雪项目场地设施供给力度和课程内容开发实施力度，提高场地设施质量，积极响应 2020 北京冬季奥运会，扩大校园冰雪运动辐射力度，吸引更多学生参与冰雪。学校主管单位以学校管理层和冰雪教师为核心推广者，严格按照政策落实各项推广工作，根据学校所在实际制定自身推广政策、课程设置、项目实施、师资建设等具体工作，依据执行情况及时发现问题解决问题，确保推广工作的顺利实施，已达到既定预期效果 [19]。

（二）因地、因校确定推广内容

冰雪运动项目众多，每个项目既有着自身独特的健身价值和项目开展属性，又受到外界客观因素的制约。辽宁省地区跨度大，冬季温差存在明显差异，进行冰雪内容推广上就需要因地、因校制宜，合理确定冰雪推广的具体内容，推广内容的确定并非面面俱到的全盘涉及，而是通过对客观实际的确切把控，科学地确定具有实际操作性和现实可能性的冰雪推广内容。因地制宜需要根据所在地区的地形、地势、气候等条件科学选择冰雪内容，辽宁省共有 14 地级市，其中 87% 的中小学集中在沈阳、大连、抚顺、锦州 4 市，这 4 个城市冬季温差较大，尤其大连位于辽宁省最南端，冬季气温较高，不利于冰雪项目推广上就需要结合所在地区的自然条件合理增加冰雪，对于自然条件较好的地区要合理挖掘自然资源，逐步增添丰富冰

[19] 李红艳.我国竞技体育后备人才培养现状的研究 [J].山东体育学院学报，2002，(1)：23.

上和雪上课程内容；对于自然条件较差的地区（大连等）要善于变通与转化，根据地区特点确定替代性、简易性冰雪内容，例如旱地滑雪、旱地滑冰等内容既能节省成本，又能有效解决自然条件不足的问题。目前，学校之间的层次差距较大，这就造成了中小学在冰雪内容推广上存在较大差异，因校制宜需要根据学校所在的位置、面积、学生数量、资金厚度、基础条件、重视程度等情况合理确定推广内容。

（三）可持续发展的冰雪运动推广模式的开展情况分析

1. 基本情况

冰雪运动特色学校的基础设施主要是指用以开展冰雪教学以及校园冰雪活动的场地、器材等。在教育部 2019 年颁布的《全国青少年校园冰雪运动特色学校基本要求（试行）》中，要求冰雪运动特色学校的场地设施、器械配备能充分满足冰雪运动及与冰雪相关项目的开展。因此，对沈阳市冰雪运动特色学校基础设施的调查，能够准确把握其发展现状及未来发展的潜在动力。具体的调查统计情况见表 5-1。

表 5-1　沈阳市冰雪运动特色学校基础设施情况的调查统计

学校名称	场地设施
沈阳铁路第五小学	体育馆 1 座，综合运动场 1 块
沈阳市辉山学校	体育馆 1 座，综合运动场 1 块，滑雪场 1 片
沈阳市第二十中学	体育馆 1 座，田径场 1 块，足球场 1 块
沈河区朝阳一校	体育馆 1 座，综合运动场 1 块

从表 5-1 的结果显示得知，沈阳市冰雪运动特色学校因其所处的地理位置，决定了大多数学校以开展冰上教学活动为主，从其基础设施的配备上来看，综合运动场在冬季可用作冰场使用。而只有沈阳市辉山学校因其特有的地理位置，

能够进行雪上教学，成为其特色课程。由此可见，目前沈阳市冰雪运动特色学校的场地设施具有一定的单一性，导致其雪上教学活动的开展受限严重。

2.冰雪教学活动开展情况

（1）课时数安排

组织开展丰富多彩的冰雪教学活动，是冰雪运动特色学校的基本任务。通过对冰雪运动特色学校课程设置的调查分析，能够准确了解与掌握其特色所在；而通过对教学课时数量安排情况的调查，能够真实反映出学校对开展冰雪教学活动的重视程度。通过对沈阳市冰雪运动特色学校课程设置及课时安排情况的调查发现（表5-2），由于受场地条件的限制，滑冰与冰雪游戏成为其课程设置的首选内容。在课时的安排上，各所学校在滑冰课程上的课时配置较大，再辅以 16～18 个学时的冰雪游戏课程，基本上能够保证了冰雪教学活动的开展。另外，有 1 所学校在冬季利用足球场地开设了雪地足球课程，成为开展雪上教学活动的主要载体。沈阳市辉山地区不仅是著名的旅游景区，还是冬季滑雪的重要场所，因此，地处该区域的沈阳市辉山学校利用地理位置的优势，建成了学校的滑雪场，成为沈阳市冰雪运动特色学校中滑雪课程开展较好的示范学校。

表 5-2 沈阳市冰雪运动特色学校课程设置及课时数安排情况的调查统计

学校名称	课程设置及课时数安排
沈阳铁路第五小学	滑冰、24 个学时；冰雪游戏，18 个学时
沈阳市辉山学校	滑冰、18 个学时；冰雪游戏，18 个学时；滑雪，18 个学时
沈阳市第二十中学	滑冰、18 个学时；冰雪游戏，18 个学时；雪地足球，24 个学时
沈河区朝阳一校	滑冰、24 个学时；冰雪游戏，18 个学时

（2）教材使用情况

教材是开展教学活动的重要工具，通过对教材使用情况的调查，能够了解与掌握沈阳市冰雪运动特色学校冰雪教学活动的开展现状。通过对 4 所学校 24 名冰雪教师的调查发现，有 6 名教师在教学时采用教学大纲所规定的教学内容；有 11 名教师使用统一教材；有 7 名教师没有固定的教材。由此反映出沈阳市冰雪运动特色学校在教材的使用上具有随意性，这在一定程度上会对整体性的发展效果产生影响。因此，编写统一教材，是当下沈阳市冰雪运动特色学校应加以高度重视的现实问题。

（3）教学目标及教学计划的制订与实施

冰雪特色学校冰雪课程的顺利实施，除了学校相关负责人的指引与硬件的配备，同时缺少不了教学目标及教学计划的制订与实施。通过调查发现，沈阳市冰雪运动特色学校的 24 名冰雪教师，均制订了具体的冰雪教学目标与教学计划，并愿意按照原计划组织实施。说明沈阳市冰雪运动特色学校的教学活动具有一定的组织性，能够确保教学活动的规范性与整体性发展。

（4）课外冰雪活动开展情况

冰雪教学活动与课外冰雪活动的协同与互动，是冰雪运动特色学校建设与发展的重要保障。冰雪运动特色学校之"特"不仅体现在冰雪课程的建设上，同时丰富多彩的课外冰雪活动更是其特色的品牌。通过调查发现，沈阳市冰雪运动特色学校课外冰雪活动的开展形式主要包括冰雪社团、冰雪运动兴趣小组以及校企合作冰场的活动体验。目前，大多数学校可以保证每周 2 节冰雪课及最少 1 次的课外冰雪活动，可以在学习中养成学生冰雪锻炼与参与意识。学校方面也会定期举办冰雪相关项目比赛，以此达到在实际中运用的效果（表 5-3）。总体来讲，多元化的冰雪技能培训方式满足素质教育的育人观。但是通过走访发现存在项目开展受季节限制较大的问题，冬天高频率冰雪参与次数与夏天的寥寥无几的冰雪相关活动练习形成鲜明对比。因此，未来学校建设更多的室内冰雪场地便需要政府方面更大的投入，满足学生四季在校都可以接触冰雪运动的愿望。

表5-3　校园冰雪活动开展情况的调查统计

活动开展情况	1次	2次	3次	4次
学校每周有几次冰雪相关娱乐活动	7	3	0	0
每年组织几场冰雪相关比赛	6	4	0	0

（5）学校领导重视程度

目前，全面推动"冰雪运动校园行"战略决策的实施以及加大冰雪运动特色学校的建设力度，是我国学校体育发展的重要内容。学校领导作为学校建设与发展的决策者，对于学校冰雪教学以及课外冰雪活动的重视程度，会对冰雪运动特色学校的建设与发展起到积极的促进作用。通过访谈得知，沈阳市4所冰雪运动特色学校的主要领导高度重视学校冰雪教学以及课外冰雪活动的组织与开展，4所学校均成立了以主管教学的副校长为组长，学校教导处、后勤部门、财务部门以及体育部门的相关负责人为副组长，全体体育教师为组员的冰雪运动特色学校领导小组，定期向校长汇报冰雪教学及课外冰雪活动的组织与开展情况。同时，4所学校均成立了冰雪运动特色学校的专项资金，确保冰雪教学与课外冰雪活动的常态化开展。但是，学校领导同时也表示，因地理位置的限制，绝大多数学校的基础设施条件无法满足多元化冰雪课程的开设，这也成为影响与制约沈阳市冰雪运动特色学校建设与发展的主要原因。

（6）冰雪教师基本情况

教师是开展教学活动的必要条件，师资队伍整体素质的高低会对教学产生极其重要的影响。对此，本研究从学历、年龄等方面对沈阳市冰雪运动特色学校师资基本情况进行调查。

（7）冰雪教师学历结构

● 大学本科　　● 大学专科　　● 硕士

图 5-3　沈阳市冰雪运动特色学校冰雪课程教师学历结构示意图（N=24）

从图 5-3 显示可以得知沈阳市冰雪运动特色学校冰雪课程教师的学历分布情况。其中，具有专科学历的人数比例为 29.2%；本科学历的人数比例为 58.3%；硕士研究生学历的人数比例为 12.5%，本科学历的人数居多。

（8）冰雪教师年龄结构

从图 5-4 的结果显示可以看出，处于 26～30 周岁年龄段的教师人数比例为 50.0%，排在第一位；31～35 周岁年龄段的人数比例为 20.8%，居第二位；21～25 周岁年龄段的人数比例为 12.5%，居第三位；36～40 周岁以及 41 周岁以上年龄段的人数比例均为 8.3%。

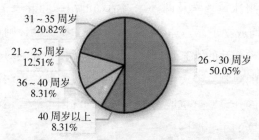

● 26～30 周岁　31～35 周岁　21～25 周岁　36～40 周岁● 40 周岁以上

图 5-4　沈阳市冰雪运动特色学校冰雪课程教师年龄结构示意图（N=24）

（四）可持续发展的冰雪运动推广模式开展的制约因素

1. 传统校园推广主体的落后

目前，冰雪运动推广的主体主要包括政府全额主导、校企业合作、地方特色与校本课程开发 3 大类，这几种推广模式为冰雪运动校园行的开展做出了较大的贡献。但传统推广模式发展至今，已经不能完全满足广大师生参与冰雪项目的积极性，单单依靠政府和企业宏观层次的贡献，不对现有模式进行细化与优化，就难以大规模推广。相比于其他体育活动，辽宁省冰雪运动在推广过程中同样存在此类问题，学校和政府作为推广的绝对主体，但并没有形成稳定的推广模式，在实际过程中存在推广内容和推广目标模糊，相比于其他体育项目一方面学校和各单项体育联合会都可以作为推广主体进行全面推广，而冰雪运动的推广对象定位不到位、不准确。推广缺乏整体性和系统性，模式陈旧和老化，早已不再适用于当今冰雪运动进校园的推广诉求。因此，建立更为优化的推广模式是必须要攻克的课题。

2. 冰雪师资队伍薄弱

教师是冰雪教学的主体，也是冰雪运动的推广者和领路人，当前学生对冰雪运动的理解、认识、参与程度较低，需要冰雪教师给予更为深层的理论知识的传授、基础技能的指导以及内在文化的引领，但是当前辽宁省冰雪教师的教学经验、专业化水平、学历层次依然存在不足，限制着冰雪运动在高校内的良性推广。目前，辽宁省冰雪师资队伍的现状是：冰雪人才供应不足，很多教师没有冰雪专项技术等级，冰雪一、二级技术等级人数占比较少，高素质、高层次的人才队伍匮乏严重，教师综合素质有待于进一步加强。造成该问题的根本原因在于人才培养和管理机制的落后，在此之前我国冰雪人才的产出主要借助于运动员退役和转型，这种产出方式在以前或许能够满足高校对冰雪人才的需要。但如今我们冰雪运动和冰雪产业正处于"大发展"的关键时期，亟须大量素质高、专业技术过硬的师资队伍，但通过调查走访了解到辽宁省高校冰雪人才缺口巨大，教师教学能力、专业素养和责任意识等参差不齐，人才引进、培养、管理机制不健全以及冰雪师资队伍薄弱是制约辽宁省冰雪运动发展的关键一环。

3. 冰雪文化认同度低

中小学作为发展改革的第一阵营，历来就是文化宣传的阵地，近几年冰雪运动在我国已经有了较大进步，但地方政府在冰雪文化建设上却"按兵不动"。辽宁省政府在冰雪运动推广中过多将重心放在竞技体育与群众体育2大领域，忽视了中小学在冰雪运动推广中的重要作用，缺乏对冰雪运动的活动宣传、资金支持与推广力度，并没有在中小学形成冰雪运动推广的文化机制，造成辽宁省中小学学生对冰雪文化的认同程度低。缺少了政府的文化主导学校在冰雪文化推广上就失去了主心骨，校园冰雪文化推广就没有了内容与方向，文化渲染和文化引导的缺失造成学生对冰雪运动缺乏文化认知，最终导致学生在主观选择上发生行为偏移。

（五）可持续发展的冰雪运动推广模式的开展结果

1. 冰雪特色活动及公益课程的开展

整合我省冰雪运动优势资源，通过引进国外先进的冰雪运动培训课程、师资力量、设施装备，向广大青少年普及冰雪运动知识，传播奥林匹克精神，并协助学校组织参与各类专业比赛和训练，帮助青少年提升冰雪运动技能和身体素养，让更多孩子体验冰雪运动带来的健康与乐趣，积极助推"冰雪运动进校园"。

（1）冰雪运动课程

冰雪运动课程包括冰雪公益课、启蒙滑冰、启蒙滑雪、冰球、花样滑冰、队列滑冰、冰壶、轮转冰技术转换、单板滑雪、双板滑雪、滑轮板转滑雪板技术转换、雪地球等。

弘扬奥林匹克精神，广泛开展青少年冬季健身活动，为2022年冬季奥运会营造良好的社会氛围，举办"百万青少年助力冬季奥运会"等主题的冰雪公益活动。课程可整合我省以冰雪为特色的专业体育院校冰雪教学优势资源，以党员服务或学生实践等形式，为广大青少年提供公益性冰雪运动公开辅导课。

启蒙滑冰、滑雪课程是一套能够帮助青少年在中小学阶段掌握滑冰、滑雪技能，接受冰上、雪上运动启蒙和初级训练的渐进式课程。整个滑冰、滑雪课程体系强调趣味引导与技能学习并重，让学生在了解冰上、雪上运动基本知识与掌握基本技能的同时，对滑冰或冰球、花滑、单板U型槽、双板大小回转等运动产生进一步学习的兴趣与动力。组织开展校园冰雪运动课程体系与教材教具的研发与实践，使之成为真正推动青少年冰雪运动普及的有力抓手。

通过推广冬季奥运会项目，带动更多人参与冰雪运动。活动邀请优秀运动员给所有参与者现场指导，讲解冰上、雪上器材的正确选择及使用，普及冰雪运动的基础技巧和最正确的锻炼方式。通过深入浅出的教学互动，让参与活动的少年儿童和家长、老师们了解冰雪运动，激发孩子们学习冰上运动的兴趣，为冰雪项目的推广、普及发挥积极的引领、示范作用。

（2）趣味冰雪竞赛

趣味冰雪竞赛包括校园系列赛、冬令营、夏令营、冰上舞剧、校园冰雪节、冰雪季、冰雪嘉年华、校园冰雪绘画、摄影、征文、知识竞赛等活动。

在开展阶段性的冰雪运动后，为了丰富同学的第二课堂生活，提高学生对冰雪运动的热情和运动水平，体会冰雪运动的真正魅力。同时加强同学们之间的友谊，提高学生学习冰雪运动的兴趣，培养学生班级荣誉感，发挥学生个性特长，推动素质教育，丰富师生的校园文化生活，协助学校组织以班为单位报名的校园班级冰雪运动比赛，激发学生的学习兴趣，使同学们在学习之余不忘锻炼身体，并增强同学之间的交流，从而提升班级凝聚力。

每年 1~2 月份，组织的冬季训练营与瑞士、美国、加拿大、法国等国际及国内著名冰雪机构合作，举办滑雪、冰球、冰壶等体验、集训、测评、比赛。推进校园冬季冰雪文化活动，为校园内师生举办别开生面的校园冰雪节、冰雪季、冰雪嘉年华等丰富多彩的冰雪节目，采用课堂与课外相结合、艺术与体育相结合、安全与健身相结合的方式。在传统的冰雪体育项目的基础上，把爬犁、冰壶、冰上保龄球、雪地球、雪合战等这些新兴的冰雪民俗项目引入到活动中来；通过充分发挥学生的创造力和想象力，将校园内的积雪砌成整齐的雪墙，并让学生们发挥想象，各出奇招雕刻具有艺术感的雪雕作品，营造出浓浓的校园冰雪文化艺术氛围[20]。

为促进校园冰雪运动的普及推广，吸引更多青少年关注冬季奥运会、走进冬季奥运会，围绕 2022 年冬季奥运会筹办工作，通过举办校园冰雪绘画、摄影、征文等征集和知识竞赛活动，以及冬季运动体验、冰雪主题的体育电影、电视展映以及冬季奥运会作品展播等活动，广泛传播冰雪文化、普及冬奥知识、推广冬季运动，引导和推动青少年参与支持冬季奥运会筹办工作。同时，在学校中开展以"我运动、我快乐、我健康"为口号的奥林

[20] 阳艺武，黄彩虹. 我国竞技体育后备人才培养可持续发展的系统结构分析 [J]. 首都体育学院学报，2015, 27 (2): 151-155.

匹克教育系列活动，以"激情迎冬奥，共筑奥运梦"为主线，举办奥林匹克教育大课堂、摄影征文绘画比赛、青少年冬奥英语大赛、冬奥知识竞赛、冰雪活动进校园、滑雪比赛、冬季运动会等系列活动，引导青少年了解和参与冬季运动。

2. 加强冬奥文化宣传

冬奥文化宣传，包括冰雪文化普及、冬奥大讲堂、奥运冠军进校园、校园冬奥氛围营造、校园冰雪运动影像制作等宣讲传播。冰雪文化意在通过宣讲，让广大学生了解文化的含义、冰雪自然环境、冰雪生态环境，组织系列冰雪主题书画、诗歌、展演活动。

邀请奥运会冠军进校园弘扬体育精神，与学生一起上冰雪运动体育课，学生与奥运冠军"零距离"互动，感受体育魅力。奥运冠军与学生分享自己成长的心路历程，潜移默化地培养我省青少年学生坚韧顽强的意志品质。

奥运会不仅仅是体育竞赛，更重要的是奥运精神的传递，特别是在学生中进行奥运精神的传递。学生通过奥运比赛的赏析、解读，这种精神力量是没有充分内化的，而我们奥运冠军的实地分享真正达到了这种精神力量的传递。在校园文化建设中融入丰富的冰雪运动元素，营造浓厚的冬奥冰雪运动氛围，点燃学生迎接冬季奥运会的热情。开展多项活动宣传，多项冬奥知识普及，将多项冬季体育活动、艺术活动整合在一起，调动学生参与冰雪运动的积极性。

辽宁作为全国冰雪运动重点地区，为国家输送大批优秀运动员，应发挥地缘优势，深入贯彻冰雪运动进校园实施计划，将需求与供给有效对接，并做出我省青少年冰雪运动特色，打造冬季奥林匹克文化推广先锋品牌形象，全面推进"3亿人参与冰雪运动"。

3. 建立健全校园冰雪校级联赛体系

（1）指导思想

按照国家关于发展冰雪运动的总体部署和要求，积极贯彻落实《教育部国家体育总局北京冬奥组委关于印发〈北京 2022 年冬季奥运会和冬残奥会中小学生奥林匹克教育计划〉的通知》（教体艺〔2018〕1 号）和《关于全面加强和促进新时代学校体育工作的意见》精神，根据《关于加快推进全国青少年冰雪运动进校园的指导意见》深入落实以增强中小学生体质，培养青少年拼搏进取、团结协作的体育精神为宗旨，通过广泛开展校园冰雪活动，建立、完善沈阳市中小学生校级冰雪联赛，从而培养全面发展、特长突出的青少年冰雪后备人才。

（2）实施策略

1）推动冰雪特色学校建设冰雪校队，有效培育冰雪特长生。

2）鼓励学校与专业体育院校、俱乐部合作，促进体教融合。

3）强化学校冰雪体育训练，深度融合健全冰雪校级联赛制度。

（3）具体措施

1）完善冰雪人才培养体系：当前沈阳市青少年参与冰雪活动热度较高，广大家长都将学会滑雪作为青少年寒假生活的重要目标，且学会双板滑雪者又进一步想学习单板滑雪，但苦于没有可靠安全的专业师资和训练团队，客观上抑制了青少年学生滑雪水平的启蒙乃至进一步提高。基于广大学生家长对于冰雪体育习得的需求，建立冰雪项目学校代表队，建设校园冰雪运动俱乐部，发掘家长力量引导青少年利用课余或假期实践开展训练活动，帮助确有冰雪运动兴趣和特长的学生发展运动特长。同时，有效地引导青少年安全参与冰雪运动，养成终身体育的健康意识。在提高沈阳地区冰雪特色学校运动水平的同时，进一步优化拓展项目广度，进而推进高校高水平运动队建设与中小学冰雪竞赛的衔接工作，促进小学、初中、高中组成冰雪项目对口升学单位，进一步为意愿成为专业运动员的学生提供升学通道。

2）建立公益性冰雪师资队伍：依据文件要求，有效进行资源整合，建立中小学冰雪专家讲师团，举办体育教师冰雪运动公益培训，有效推动冰雪项目校园辅导员队伍建设。依托沈阳体育学院冰雪专业教师团队，对接运动训练冰雪专项学生的实习、实训，有序开展中小学滑冰、滑雪队伍课余训练，对教学情况较好的教练员可采用政府购买或俱乐部家长理事自发组织给予一定交通午餐补助，如此既满足大学生实习就业需求，也有效开展青少年冰雪运动人才培养。

3）建立青少年冰雪竞赛体系：整合教育、体育部门资源，建立分学段（小学、初中、高中、大学）的4级青少年冰雪竞赛体系，利用寒假等课余时间组织校际比赛，并培养选拔潜力青少年进高水平运动队，激励青少年学生长期参加冰雪运动训练的积极性，引导冰场、雪场积极开展青少年公益教学活动，努力构建社会冰雪资源与学校联合推进课外训练和竞赛的系统机制。每年度定期组织校级联赛，通过冰雪运动特性开展意志品质、团结互助、集体荣誉等方面教育。

（六）拓展和加强冰雪运动推广途径

1. 升华冰雪认知

当前，中小学普及冰雪运动的思想观念仍有待于提高，由于冰雪项目开展相对困难，大部分学校维持原有现状，不愿意开设冰雪特色课程，加之运动风险相对较大，很多家长不愿意让孩子参与，传统观念和消极思想给校园冰雪运动的推广带来很大影响。冰雪运动是一项智慧型运动项目，是贴近自然、观察自然融入自然、享受自然的户外运动，想要在中小学内深入推广冰雪运动，首要环节是升华冰雪运动的认识，克服传统观念和消极思想的束缚，真正去了解冰雪运动的功能和价值，体验冰雪运动的乐趣和魅力，加强对冰雪运动深层的理解和感悟，让学生充分了解冰雪运动开展的重要意义。

2. 强化冰雪教材修订

"深化课程、教学、竞赛体系改革是冰雪运动进校园的主要路径之一"，冰雪教材既是课程改革和教学竞赛体系构建的基础保障，也是校园冰雪推广途径中最基础、最重要、最核心的环节。教育部和国家体育总局借鉴足球运动进入校园的经验，研究制定《冰雪运动教学指南》，面对冰雪运动推广的大趋势，冰雪教材建设已成为亟待解决的关键问题，虽然各省、市已陆续编写冰雪运动教材，但教材建设还没有形成系统，不成规模，尤其地区特色冰雪教材的建设正处于起步阶段。目前，辽宁省中小学冰雪教材资源十分有限，教材建设较为落后，省内开展冰雪运动的中小学教材较为陈旧，有些学校干脆没有教材支撑，仅是进行基本的技术练习，毫无疑问这极大影响了校园冰雪运动的推广。冰雪教材是"教"与"学"的中间环节，需要持续加强冰雪教材建设，丰富教材内容，扩充冰雪推广途径。

加强教材建设要不断深化冰雪教材内容，在强调技能教授的基础上，重视教材知识性、文化性、安全性、地区特色性等方面的开发力度，对中小学学生参与冰雪运动具有重要的意义和价值。

3. 提升冰雪运动对象的针对性

物质基础是冰雪运动推广的基本保障，辽宁省大部分中小学目前仍然受制于冰雪设施、资金、师资供给力度不足等根本问题。学校作为冰雪运动推广的大对象，理应提升这一对象的投入针对性，在冰雪运动推广过程中针对冰雪场地场馆不足、资金投入不够、师资匮乏的学校，需要加强对这类学校对象的投入力度，有针对性地对设施不足的学校进行冰雪场地、场馆建设，对资金不足的学校加大资金投入比例，对师资匮乏的学校提供冰雪人才引进政策。

课程是校园冰雪教学的核心，在欧、美、日、韩等发达国家，冰雪运动已经成为中小学学生在校园内不可或缺的体育项目，这得益于冰雪运动早已被列入学校体育教育课程之中，并且在冰雪课程内容开发上呈现出多样性。随着冰雪运动的推广和开展，辽宁省在中小学冰雪课程内容开发上加大了力度，已经建立了冰雪试点学校，先后发展了几所冰雪特色学校，冰雪教材建设也有了初步的进展。但是，总体而言，辽宁省中小学冰雪课程内容的开发相对薄弱，很多学校还没有开展冰雪课程教学，已开展的学校冰雪课程内容单一。

4. 改善冰雪运动特色学校系统

从学生个体动力主体方面来讲，兴趣是青少年参与冰雪运动的动力来源，要注重发展青少年参与冰雪运动的兴趣爱好。兴趣是学生热爱参与冰雪项目的根本动力。学校需要制订出可以充分挖掘学生个体的冰雪参与兴趣的工作计划。另外，意志力是青少年参与冰雪运动的重要保证，只有培养好青少年坚强的性格，做好克服练习冰雪时会出现的一切困难障碍的准备。最后也要鼓励更多的学生投身于课余时间冰雪技能巩固练习中，学校也要不断丰富冰雪娱乐活动形式，满足学生冰雪运动的主观需求等。

对于家庭动力主体来说，要鼓励青少年学生主动投身冰雪运动，主动劳逸结合，主动形成体育锻炼意识。对于学校动力主体来说，建立良好的校园冰雪发展氛围，首先要改善"冰雪特色学校系统"建立长久性周期性的竞赛体制和奖励机制。其次则是要解决好体教结合的问题，让教育与训练相结合，充分发挥冰雪项目运动的价值。对于国家和政府动力主体来说，通过建立冰雪特色学校评比制度并以文件引领的方式引导冰雪活动真正意义上的走进校园，完善冰雪人才培养机制；对于社会动力主体来说，提高对冰雪项目的社会关注度，加大社会力量承办冰雪赛事和冰雪宣传的力度，协助促进"冰雪特色学校系统"的持续性发展，沈阳文化路小学充分发挥校企合作优势，定期带领学生奔赴专业滑冰场地进行冰雪运动课程的开展与普及，定期分批进行体验式练习，专业的训练场地、空间以及专业的冰雪教练应有尽有，他们已经真正意义上做到了充分利用外部资源，与社区组织或一些企业进行资源整合，实现了资源的共享，实现"校企合作"，建立了长期的合作机制。

缺乏最基础的素质练习和技能练习，是导致我国青少年群体冰雪技能水平参差不齐，缺乏冰雪锻炼意识的根本原因。目前绝大多数的冰雪特色学校在开展冰雪教学活动时，除了要强化学生对于冰雪知识的了解之外，还适当地开设了一些趣味性的冰雪课程。一方面希望能够借此让学生对冰雪有更多的兴趣，另一方面希望能够通过冰雪课程的趣味化，让学生的内在动力得到进一步的激发。因此，未来校园冰雪工作制订出引领学生主动参与的政策势在必行。

家庭和学校方面影响着青少年学生能否自觉主动地参与冰雪活动。为了解决家周边无法实现冰雪练习的问题，学校要集合多方的资源打造资源共享平台，让学生有更多的体育基础设施资源的使用。例如，和公共体育场馆之间达成合作关系，定期开放体育场馆；和周边的人工冰场合作，安排本校参与冰雪俱乐部的学生分批到冰场进行体验式的练习；以此来实现课后在家体验冰雪困难的问题。因此，增强和满足家庭对冰雪价值的信心，并且学校方面可以尝试在有条件的情况下，适当引进有资质的国际人才任教或者公派优秀师生出国学习相关专业也是很关键的。校园冰雪工作作为冰雪特色学校发展的基础，应该受到国家及社会各个阶层的支持与关注，针对学校体育继续不断改革，进一步完善素质教育，为冰雪特色学校持续发展赢得了相应的空间。增强青少年学生的冰雪参与频率和冰雪项目兴趣培养并配合社会集体的需求，是未来"冰雪运动校园行"发展的方向。

打造青少年体育户外活动营地等青少年校外体育综合服务平台，切实提高体育社会组织的功能和活力。让学校和有关部门密切配合，在青少年体育俱乐部和体育传统项目校外活动基地建设中，紧紧围绕冬奥冰雪项目这一主题，推进冰雪项目的开展，让更多的青少年参与到冰雪项目中来。

四、结论

在 2022 北京冬季奥运会背景下，中国冰雪产业迎来了重大的发展机遇，对我国的冰雪产业发展规模稳步上升有重要促进作用。随着《体育强国》《冰雪运动发展规划》等政策的相继颁布，我国冰雪产业及文化的发展将会迈上新台阶，也让社会大众参与冬季体育运动有了更多选择，丰富其文化生活。但我国冰雪产业的发展仍旧需要尽快革新发展，针对相应冰雪人才缺乏这一矛盾，需要专业体育院校对"冰雪运动校园行"的开展路径进行分析，制定出符合时代符合社会需要的冰雪运动发展路径。围绕省教育厅等部门制订相应的冰雪进校园发展规划，提高青少年学生参与冰雪运动的比例，结合冬季奥运会的筹办大力开展各类冰雪教学竞赛、展示活动，加强青少年冰雪运动的普及和冰雪项目的开发，让更多年龄段的孩子能够参与和加入到冰雪运动中来。

以冰雪为主题的青少年冰雪运动嘉年华、夏令营，进一步加大冰雪运动宣传力度。同时，积极鼓励各地市开展地方特色的"冬季体育运动展示项目"，进一步吸引广大青少年参与到冰雪运动中来。通过举办青少年滑雪节、青少年冰雪冬夏令营、青少年公益冰雪系列及相关锦标赛等活动，打造青少年冬季活动品牌，进一步扩大参与冰雪运动的人数和辐射面。

辽宁省高校冰雪运动推广的场地设施十分有限，冰雪场馆、场地严重缺乏，接近50%的高校缺乏冰雪运动场地，无法满足校园师生参与冰雪运动的需求；冰雪运动推广的课程设置有待提高，冰雪课程项目开课率不高，雪上课程项目设置极低，辽宁省高校冰雪运动的推广需要政府加大政策扶持与投资力度，提高冰雪基础设施建设力度。同时，高校一方面需要积极寻求政府合作，加大冰雪运动进校园的投资力度，另一方面积极与社会企业进行冰雪合作，通过商业赞助与校企合作的形式提高冰雪基础设施的存量与质量。

辽宁省高校冰雪运动的师资配置配备相对较弱，教师的专业化水平低、但职称结构较低，对高层次冰雪人才的培养与引进工作还需要继续提升。应深化冰雪教学改革，注重冰雪课程开发力度。深化教学改革是冰雪运动校园推广的必备条件，辽宁省高校需要积极对冰雪教学进行适应性改革，深入开发与挖掘冰雪课程，使校园冰雪教学与冰雪课程具备多种功能与价值，吸引更多的在校学生参与到冰雪运动中去。

参考文献

[1] 刘仁辉 . 我国自由式滑雪空中技巧女子运动员体能差异的研究 [J]. 沈阳体育学院学报，2006，（6）：68–70.

[2] 戈炳珠 . 空中技巧项目的特点与规律 [J]. 沈阳体育学院学报，2002，（3）：60–65.

[3] 韩睿，李征宇等 . 我国自由式滑雪雪上技巧项目的可持续发展 [J]. 冰雪运动，2011，33（1）：36–40.

[4] 王旭，戈炳珠，刘伶燕 . 我国开展自由式滑雪雪上技巧SWOT分析及发展策略[J]. 沈阳体育学院学报，2010，29（2）：18 – 19.

[5] 文浩平，刘澳宇，刘莹等 . 北京冬季奥运会我国自由式滑雪空中技巧竞技实力分析与提升路径 [J]. 安徽体育科技，2023，44（02）：36–39+45.

[6] 纪冬，董明杰，2005.预防自由式滑雪空中技巧运动损伤的专门性练习 [J].冰雪运动，（5）：19–33.

[7] 甄梦晨，王飞，姜昂等 .冬季奥运会场馆赛后利用经验与启示——以温哥华、索契、平昌冬季奥运会为例 [J]. 体育文化导刊，2022（02）：14–21.

[8] 周冉，戈炳珠 . 应对空中技巧新赛制的冬季奥运会比赛策略探讨 [J]. 沈阳体育学院学报，2013，32（06）：111–113+121.

[9] 周冉，戈炳珠 . 冬季奥运会自由式滑雪空中技巧新赛制的思考 [J]. 冰雪运动，2012，34（06）：28–32.

[10] 李妮娜 . 索契冬季奥运会空中技巧项目实力分析及我国备战对策研究 [D]. 北京体育大学，2012.

[11] 戈炳珠 . 中、外自由式滑雪空中技巧运动员动作难度对比分析 [J]. 中国体育科技，2004（04）：37–38+42.

[12] 门传胜 . 自由式滑雪空中技巧项目裁判规则演变的思考 [J]. 冰雪体育创新研究，2022（14）：174–176.

[13] 门传胜，董利，纪冬 . 自由式滑雪空中技巧项目"时钟法判罚标准"与"象限法判罚标准"的辨析 [J]. 沈阳体育学院学报，2011，30（06）：22–26+31.

[14] 郑非 . 自由式滑雪空中技巧项目着陆关键技术转动惯量控制研究 [C]// 中国体育科学学会 . 第十一届全国体育科学大会论文摘要汇编 .[出版者不详]，2019：4441–4443.

[15] Nolan, L, Grigorenko, A, Thorstensson, A.Balancecontrol:Sexandagedifferencesin9–to16–year–olds. Child[J]. Neurol. 2005, 47.

[16] Bruijn, S.M, vanDieën, J.H.Controlofhumangaitstabilitythroughfootplacement.J. R.Soc[J]. Interface, 2018, 15, 20170816.

[17] Qian, C, Xu, F, Li, H. User Authentication by Gait Data from Smartphone Sensors Using Hybrid Deep Learning Network[J]. Mathematics, 2022, 10, 2283.

[18] 黄培真. 辽宁省高校冰雪运动校园推广现状及路径研究 [D]. 沈阳体育学院，2020. DOI:10.27329/ d.cnki.gstyc.2020.000033.

[19] 李红艳. 我国竞技体育后备人才培养现状的研究 [J]. 山东体育学院学报,2002，(1): 23.

[20] 阳艺武，黄彩虹. 我国竞技体育后备人才培养可持续发展的系统结构分析 [J]. 首都体育学院学报，2015，27（2）：151-155.

[21] 杜杰. 我国竞技体育后备人才培养现状与对策的分析 [J]. 当代体育科技,2015,5(8): 195-197.

[22] Rai, N, Kumar, D, Kaushik, N, et al. Fake news classification using transformer based enhanced LSTM and BERT. Int.J. Cogn. Comput[J]. Eng, 2022, 3, 98-105. [CrossRef]

[23] Islam, M.R, Martin, A. Detection of COVID 19 from CT image by the novel LeNet-5 CNN architecture. In Proceedings of the 202023rd International Conference on Computer and Information Technology（ICCIT）, IEEE, Dhaka, Bangladesh, 19-21 December 2020; 1-5.

[24] Sun, J, Cai, X, Sun, F. et al. Scene image classification method based on Alex-Net model. In Proceedings of the 2016 3rdInternational Conference on Informative and Cybernetics for Computational Social Systems（ICCSS）, IEEE, Jinzhou, China, 26-29August 2016; pp. 363-367.

[25] Rezaee, M, Zhang, Y, Mishra, R. et al. Using a vgg-16 network for individual tree species detection with anobject-based approach. In Proceedings of the 2018 10th IAPR Workshop on Pattern Recognition in Remote Sensing（PRRS）, IEEE, Beijing, China, 19-20 August 2018; pp. 1-7.

[26] Gisbrecht, A, Schulz, A, Hammer, B. Parametric nonlinear dimensionality reduction using kernel t-SNE. Neurocomputing 2015, 147, 71-82. [CrossRef].